한국에서 유일한
**기초 영문법
2**

지은이 **한일**

동영상 강의 및 방송 활동

- EBSlang 〈한국에서 유일한 기초영문법〉
- EBSlang 〈한국에서 유일한 종합영문법〉
- EBSlang 〈한국에서 유일한 뉘앙스보카〉
- EBSe 〈매일 10분 한일의 포인트 영문법〉
- EBSe 〈한일의 쉽고 재미있는 라이팅〉
- EBSe 〈영어공부법 특강〉
- EBS Radio 〈한일의 쉽게 배우는 영문법〉
- EBS 〈자녀교육스페셜-문법〉

약력

- Columbia University TESOL
- Wisconsin 주립대학교 Communication Process 중 언어학
- Dens Elementary School 보조교사
- Los Angeles Water Garden 교사
- 교과부 영어수시확대자문위원
- KCU with 연세대학교 겸임교수, 한세대학교 초빙교수
- University of Teachers Education 커리큘럼제작 교육

저서

- 〈영어 라이팅 훈련 실천 다이어리〉
- 〈영어 라이팅 훈련 실천 확장 워크북〉
- 〈한일의 대안영문법〉
- 〈이기는 영단어〉
- 〈The Grammar Book〉
- 〈Must Have Grammar for Writing〉
- 〈Story Writing〉
- 〈Academic Writing Plus〉
- 〈서술형 문제 33유형〉

한국에서 유일한
기초 영문법

한일 지음

한일에듀

EBSlang <한국에서 유일한 기초 영문법> 수강평

10점 만점에 387만 점 주고 싶어요!

평생 영어를 공부하고도 왜 영작과 리스닝이 안 될까 고민하다가 이 강의를 듣고 해결의 실마리를 찾았습니다. 1강 to부정사만 학습하고도 자연스럽게 영작이 되기 시작했습니다. 그동안의 영어 공부에 심한 배신감을 느끼고 선생님의 명강의에 감탄하면서 '언빌리버블', '어메이징', '유레카'를 외쳐댔습니다! 체계적인 교육과 훌륭한 강의를 위해 애 쓰신 선생님께 정말 감사드리고 진심으로 존경한다고 말씀드리고 싶습니다.

- 한*연 -

이렇게 신기한 느낌은 처음입니다!

학창시절부터 이해가 안 되면 잘 외우지 못했는데, 영문법은 그냥 외워야 하는 것들이 많아서 항상 제자리걸음이었습니다. 그런데 이 강의는 문법들이 왜 생겨났고 왜 그런 이름이 붙었는지 설명해 주고, 연결되는 문법들을 순서대로 알려주니 다음 강의가 궁금하고 연달아 계속 듣고 싶어집니다. 문법을 통해 말하기, 쓰기까지 자연스럽게 향상될 수 있는 수업으로 강력 추천합니다!

- 조*실 -

광고인 줄 알고 안 믿었는데 진짜 대박이에요!

인강을 등록해 놓고 끝까지 완강한 것은 처음이에요. 예전에 다녔던 학원에서 선생님이 했던 말씀이 뭐였는지를 이 강의 듣고 알게 됐어요. 이 강의를 좀 더 일찍 알았더라면 제가 영포자는 아니었을 텐데, 너무 아쉽고 이제라도 알아서 다행이라고 생각합니다. 문법 용어를 몰라서 영어를 포기한 제가 궁금하던 것이 정말 이 강의에 다 있었어요!

- 장*연 -

무릎을 탁 치게 하는 탁월한 강의!

저는 시제 부분이 가장 이해가 되지 않았었는데, 선생님이 단순과거와 현재완료의 차이를 설명해 주는 부분에서 그 탁월함에 무릎을 쳤습니다. 두 시제가 무슨 차이인지에 대해 의문조차 품지 않았던 제 자신이 안타까웠습니다. 이 강의를 통해 내가 왜 영어를 어려워하고 자신감이 없었는지를 깨닫게 되었습니다.

- 임* -

대대로 물려주고 싶은
완소강의!

시간 가는 줄 모르고 들었습니다. 지루할 틈이 단 1초도 없었어요. 초등학생 조카한테 배운 대로 문법을 가르쳐 줬더니 술술 따라오네요. 선생님이 가르치는 방법은 어른아이 할 것 없이 이해하기 쉽다는 것을 다시 한 번 느꼈습니다. 영어 문법이 두려운 분들! 이 강의를 통해 몇십 년 세월을 보상받을 수 있습니다. 설명이 재미있어서 강의가 끝나고도 머릿속에 고스란히 간직됩니다. 포기하지 말고 시작해 보세요!

- 정*정 -

이 강의를 만난 것은
올해 최고의 행운!

영어라면 단어 몇 개 밖에 모르던 제가 이 강의를 듣고 영어 문장을 쓸 수 있게 되었습니다. 이제야 중고등학교 때 친구들이 외우던 형용사절, 가정법이 뭐였는지 깨닫게 됐어요. 잃어버린 세월을 돌려받은 느낌이에요. 저 같은 영어 초보도 한 번에 이해할 수 있을 만큼 정말 쉽고 재미있게 설명해 주십니다. 영어문법 공부를 시도해 보긴 했지만 실패하셨던 분들에게 추천합니다. 여러분들도 이 강의를 통해 영어로 상처받았던 경험들을 이겨내시길 바랍니다.

- 최*림 -

영어를 좋아하게 됐어요!

전에 다니던 학원들은 언어인 '영어'를 배운다기보다는 학교 시험을 위한 '기술'을 가르친다는 느낌이었어요. 그런데 이 강의는 우리나라 영어 교육의 부족한 부분을 완벽히 채워 줍니다. 한자어로 되어 있어 낯설기만 했던 문법 용어를 아주 쉽게 풀어서 설명해 주고, 선생님이 직접 겪으셨던 일화들까지 재치있게 곁들여 주셔서 시간 가는 줄 모르고 강의 안에 녹아듭니다. 이렇게 저의 영어 공부에 큰 도움을 준 한일 선생님, 정말 감사합니다!

- 현*숙 -

관계대명사가 이렇게 쉬운
개념이었다니…

영포자라고 생각했던 제가 관계대명사를 이렇게 쉽게 이해하다니 너무 감동입니다. 분사, 시제, 가정법도 이제 무섭지가 않네요. 진작에 알았다면 이렇게 오랫동안 고생하지 않았을 것 같아요. 문법용어 때문에 영문법을 포기했던 분들에게 강력 추천합니다!

- 권*희 -

머리말

영문법, 왜 알아야 할까요?

영어 공부하기 무척 힘들죠? 하지만 정확한 길을 알면 쉽습니다. 영어는 '간단한 문법(Simplified Grammar)'으로 이루어져 있습니다. 따라서 이 간단한 문법을 알면 누구든지 쉽고 빠르게 높은 수준의 말과 글을 만들 수 있게 됩니다.

단어는 많이 알지만 막상 영어로 글을 쓰거나 말을 하지는 못하는 사람들이 있어요. 이런 현상이 나타나는 이유는 문법 활용 연습이 부족하기 때문입니다. 영어로 글이 써지고 말이 되는 방법을 알아야 하는데, 그게 바로 필수 '간단한 문법(Simplified Grammar)'이에요. 영어를 잘하고 싶은 사람이라면 이 필수 영문법은 절대 피해갈 수 없는 부분입니다.

문법 용어, 머리가 아프다고요?

관계대명사, 과거분사, 현재완료 등 어려운 문법 용어 때문에 문법 공부를 포기한 분들이 많을 거예요. 모든 영어 문법은 저마다 생긴 배경과 이유가 있습니다. 이 배경을 먼저 이해하면 문법을 쉽게 터득할 수 있습니다. 그런 다음 문법 용어를 익혀 두면 영어 문장을 자신 있게 만들 수 있습니다. 문법 용어는 학습한 내용을 함축적으로 기억하도록 도우면서 영어문장 쓰기, 읽기, 말하기의 가이드 역할을 하기 때문에 반드시 기억해 놓아야 합니다.

필수 문법, 이것 먼저 능통해야 합니다!

모든 문법을 다 알아야 하나요? 무슨 문법부터 시작해야 하나요? 문법 중에 더 자주 쓰이는 것과 덜 쓰이는 것이 있지 않나요? 이 질문들의 답은 '필수적으로 쓰이는 영문법에 먼저 능통해야 한다'는 것입니다. 즉, 문장을 구성하고 늘리는 데 필수적인 문법들을 우선적으로 학습해야 합니다. 집으로 치면 사람이 살 수 있는 공간을 먼저 만들어 놓는 것입니다. 일단 문장을 쓸 수 있는 능력을 확보해 놓은 다음 부가적인 문법을 공부하면 훨씬 수월하게 실력을 늘릴 수 있어요.

이 책은 영어 학습자가 반드시 알아야 하는 필수 문법들, 그리고 다양한 시험 속 문장을 해석하고 쓸 수 있는 능력을 가지기 위해서 우선적으로 배워야 하는 문법들을 다루고 있습니다. 이 책을 통해서 필수 문법의 종류를 배우고, 각 필수 문법들이 어떻게 협력해서 문장을 만드는지 알 수 있습니다.

기초 영문법, 쉽게 알려주기 때문입니다!

이 책의 제목은 〈한국에서 유일한 기초영문법〉이지만, '기초'라고 해서 쉬운 것만 다루는 것은 아닙니다. 기본적인 문법뿐만이 아니라 수준 높은 문법까지 '쉽게' 알려주기 때문에 '기초영문법'이라고 한 거예요. 더불어 교재의 학습 효과를 극대화하고자 교재의 내용과 체제를 전면 개편한 개정판(Third Edition)을 출간하게 되었습니다. 핵심 내용의 가독성을 높이기 위해 구성을 전면 개편했고, 학습한 내용을 효과적으로 복습하고 응용해 볼 수 있도록 연습문제를 대폭 교체했습니다. 또한 교재만으로도 학습의 완성도를 높일 수 있도록 보강했습니다.

오랫동안 사랑받아 온 이유

〈한국에서 유일한 기초 영문법〉 강의와 교재는 2007년 출시 이래 수많은 수강생과 독자들에게 큰 사랑을 받아 왔습니다. 포기했던 영어를 다시 시작하고 싶은 사람, 영어 말하기 쓰기를 위해 문장 구성 원리를 깨치고 싶은 사람, 내신·공무원시험·토익 등 각종 영어 시험을 위해 영문법을 재정리하고 싶은 사람 등 다양한 계층에게 입소문을 타고 인지도를 넓혀갔습니다. 그 힘은 다른 곳에서는 찾아 보기 힘든 명료한 문법 설명과 빠르게 실력 향상으로 직결되는 학습 효과 때문이라고 생각합니다.

문장을 쓰지 못했던 사람이 최초로 문장을 만들어 보는 경험, 짧은 문장만 간신히 썼던 사람이 좀 더 긴 문장을 쓰게 되는 희열을 느끼면서 '나도 영어를 할 수 있구나'라는 자신감을 갖게 된 것이지요. 아무쪼록 이 교재를 통해 여러분이 영문법의 벽을 뛰어 넘고, 영어로 글을 쓰고 말하는 것이 한층 자유로워지기를 바랍니다.

저자 한일

차 례

LESSON 21 현장에서 입증되는 부사 실력 — 14
1. 형용사로 만들어진 부사들
2. 형용사와 관계없이 만들어진 부사들
3. 글의 수준을 높이는 부사의 활용

LESSON 22 어떻게 만드나요? 부사절 — 29
1. 영어의 가장 이상적인 단어 배열 (SVO언어)
2. '구'와 '절'의 차이
3. 특수부사란?
4. 특수부사로 부사절 만들기

LESSON 23 이게 다 뭐예요? 주절, 종속절 — 36
1. 절(문장)이 특수부사를 만나서 겪는 변화
2. 절1과 절2의 이름
3. 더 중요한 절은?

LESSON 24 최강 영어 실력 - 절을 구로 바꾸기 — 42
1. 영어는 내용보다 문법을 먼저 알린다
2. 영어는 중요하고 강조하고 싶은 것을 앞으로 보낸다
3. 부사절을 부사구로 바꾸는 이유
4. 부사절을 부사구로 바꾸지 않는 경우

LESSON 25 부사절을 부사구로 바꾸기 - be동사 — 49
1. 주어가 같은 경우
2. 주어가 같지만 단어가 다른 경우
3. 주어가 다른 경우

LESSON 26 부사절을 부사구로 바꾸기 - 일반동사 — 57
1. 주어가 같은 경우
2. 주어가 같지만 단어가 다른 경우
3. 주어가 다른 경우

LESSON 27 부사절을 부사구로 바꾸기 – 고급   65

1. 현재완료 부사절을 부사구로 바꾸기
2. 부정문 부사절을 부사구로 바꾸기
3. 현재완료 부정문 부사절을 부사구로 바꾸기
4. 부사절을 이끄는 기타 특수부사
5. 부사구로 바꾸면 시제가 사라진다

LESSON 28 조동사가 뭘 도와줘?   73

1. 조동사란 무엇일까?
2. 일반동사가 갖는 부담감
3. 일반동사의 부담감을 덜어 주는 조동사
4. 조동사의 종류
5. may와 might의 뉘앙스 차이
6. should와 ought to의 뉘앙스 차이
7. had better의 뉘앙스

LESSON 29 have to, must, can, could 제대로 쓰기   82

1. have to의 뉘앙스
2. must의 뉘앙스
3. have got to의 뉘앙스
4. can과 could의 뉘앙스 차이

LESSON 30 can-be able to, will-be going to 구분해서 쓰기   91

1. can과 could의 뉘앙스 차이
2. can과 be able to의 뉘앙스 차이
3. will과 be going to의 뉘앙스 차이

LESSON 31 will, would, used to 뉘앙스 몰라?   99

1. will과 would의 뉘앙스 차이
2. would와 used to의 뉘앙스 차이
3. be supposed to와 be to의 뉘앙스 차이
4. shall의 뉘앙스

Study More 글 속에서 조동사 확인하기

LESSON 32 조동사 현장 감각 높이기 110

1 조동사 끼워 넣기 ①
2 조동사 끼워 넣기 ②
3 조동사 끼워 넣기 ③
4 조동사 센스 있게 사용하기
Study More 조동사가 사용된 생활영어

LESSON 33 과거분사에 대한 한을 풉시다 123

1 우리말의 '~쓰다'는 영어로 -ed
2 우리말의 '~당한/된'도 영어로 -ed
3 '~당한/된'이라는 말 만들기
4 형용사 '~당한/된'의 이름은 '과거분사'
5 과거분사로 명사 수식하기
6 과거동사와 과거분사 사용하기
7 과거분사의 위치
Study More 동사의 과거형과 과거분사 ①
Study More 동사의 과거형과 과거분사 ②

LESSON 34 현재분사 때문에 영어 포기? 137

1 우리말의 '~하는'은 영어로 -ing
2 '~하는'이라는 말 만들기
3 형용사 '~하는'의 이름은 '현재분사'
4 현재분사로 명사 수식하기
5 현재분사의 위치
6 현재분사와 동명사 구별하기

LESSON 35 분사 실전 감각 높이기 147

1 과거분사로 명사 꾸미기
2 현재분사로 명사 꾸미기
3 왜 동사로 형용사를 만들까?

LESSON 36 분사 자신감이 영어 자신감 155

1 분사를 쓰지 않은 글
2 분사를 추가한 글
3 분사를 명사 뒤에 쓴 글
4 분사를 쓰는 이유
Study More 글 속에서 분사 확인하기

LESSON 37 be동사가 과연 쉬울까? — 165

1. be동사의 종류
2. be동사의 세 가지 뜻
3. be동사는 주어에 따라 결정된다
4. 나의 be동사 활용지수는?
5. be동사의 4가지 쓰임

LESSON 38 '~당하다'라는 말은 이렇게 만들어졌다 — 172

1. be동사+과거분사
2. 〈be동사+과거분사〉는 회화체 말투
3. 수동태 문장 만들기
4. 수동태 문장 → 과거분사 + 명사
5. 과거분사 + 명사 → 수동태 문장

LESSON 39 <be동사+과거분사>는 강조의 말투 — 177

1. 목적어(명사)를 강조하는 방법
2. 수동태 문장을 만드는 방법
3. 수동태 문장 만드는 연습하기
4. 목적어가 2개인 수여동사
5. 수여동사 문장을 수동태로 고치는 법
6. 전치사 by를 항상 써야 할까?

LESSON 40 항상 수동태로 쓰이는 표현들 — 185

be interested in… / be satisfied with… /
be lost / be gone / be finished with… /
be done (with)… / be married to… /
be surprised by… / be disappointed with/by… /
be taken / be known to… / be born

정답 및 해설 — 193

이 책의 구성 및 학습방법

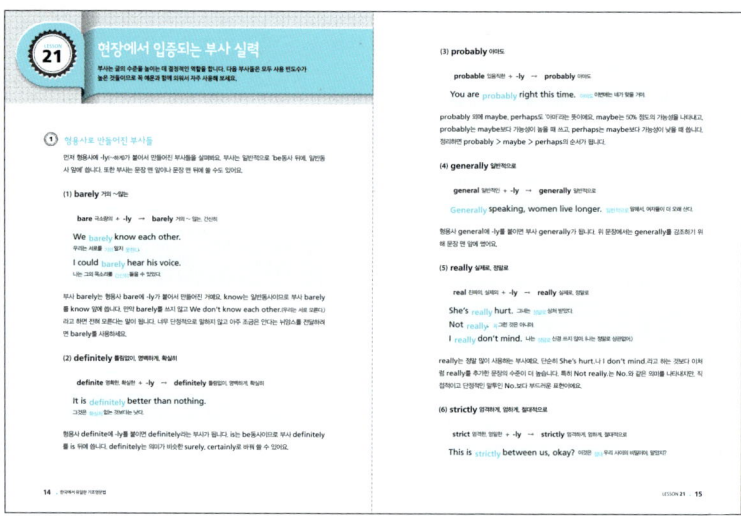

▶ 쉽고 명쾌한 문법 설명
무조건 외워야 하는 문법 설명이 아니라, 각 문법이 생겨난 배경부터 문법 용어가 만들어진 과정, 문법의 뉘앙스까지 알기 쉽게 설명해 줍니다.

▶ 문법 감각을 키우는 예문
문법이 적용된 예문이 풍부하게 수록돼 있습니다. 모든 예문을 소리 내어 읽으면서 문법 감각을 키워 보세요. 중요 예문을 외워 두면 더욱 좋습니다.

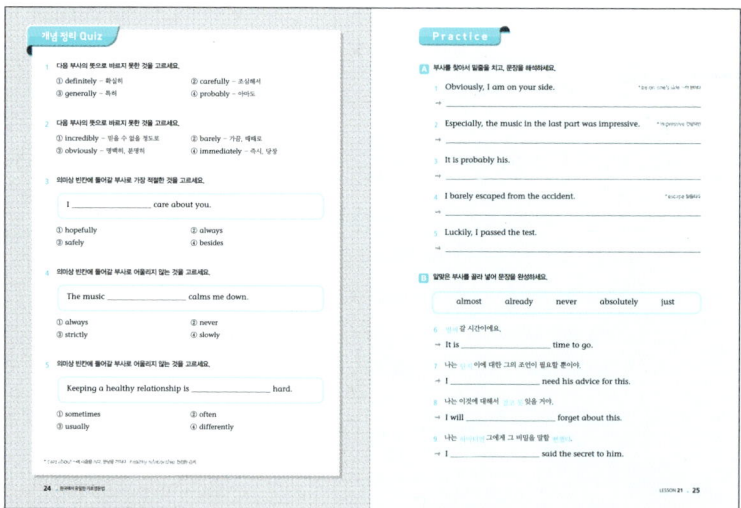

▶ 개념정리 Quiz
문법 개념을 제대로 이해했는지 확인해 봅니다. 문제를 풀면서 중요 내용을 정리하고, 헷갈렸던 부분도 점검해 보세요.

▶ Practice
학습한 문법을 이용해 영어 문장을 해석하고 영작해 봅니다. 문법 개념을 이해하는 데서 그치지 않고 이를 활용해 영어를 읽고 말하고 쓰는 능력을 키울 수 있는 부분이므로, 문제를 성실히 풀고 정답도 꼼꼼히 확인해 보세요.

**한국에서 유일한
기초 영문법**

시작해 볼까요?

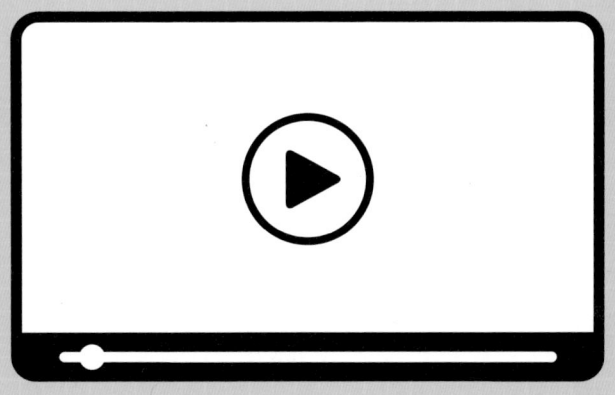

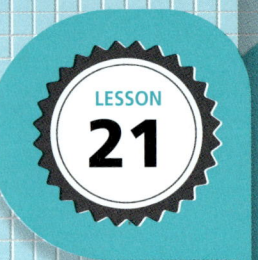

현장에서 입증되는 부사 실력

부사는 글의 수준을 높이는 데 결정적인 역할을 합니다. 다음 부사들은 모두 사용 빈도수가 높은 것들이므로 꼭 예문과 함께 외워서 자주 사용해 보세요.

① 형용사로 만들어진 부사들

먼저 형용사에 -ly(~하게)가 붙어서 만들어진 부사들을 살펴봐요. 부사는 일반적으로 'be동사 뒤에, 일반동사 앞에' 씁니다. 또한 부사는 문장 맨 앞이나 문장 맨 뒤에 쓸 수도 있어요.

(1) barely 거의 ~않는

> **bare** 극소량의 + **-ly** → **barely** 거의 ~ 않는, 간신히
>
> We **barely** know each other.
> 우리는 서로를 거의 알지 못한다.
>
> I could **barely** hear his voice.
> 나는 그의 목소리를 간신히 들을 수 있었다.

부사 barely는 형용사 bare에 -ly가 붙어서 만들어진 거예요. know는 일반동사이므로 부사 barely를 know 앞에 씁니다. 만약 barely를 쓰지 않고 We don't know each other.(우리는 서로 모른다.)라고 하면 전혀 모른다는 말이 됩니다. 너무 단정적으로 말하지 않고 아주 조금은 안다는 뉘앙스를 전달하려면 barely를 사용하세요.

(2) definitely 틀림없이, 명백하게, 확실히

> **definite** 명확한, 확실한 + **-ly** → **definitely** 틀림없이, 명백하게, 확실히
>
> It is **definitely** better than nothing.
> 그것은 확실히 없는 것보다는 낫다.

형용사 definite에 -ly를 붙이면 definitely라는 부사가 됩니다. is는 be동사이므로 부사 definitely를 is 뒤에 씁니다. definitely는 의미가 비슷한 surely, certainly로 바꿔 쓸 수 있어요.

(3) probably 아마도

> **probable** 있음직한 + **-ly** → **probably** 아마도
>
> You are **probably** right this time. 아마도 이번에는 네가 맞을 거야.

probably 외에 maybe, perhaps도 '아마도'라는 뜻이에요. maybe는 50% 정도의 가능성을 나타내요. maybe를 기준으로 maybe보다 가능성이 높을 때는 probably를 쓰고, maybe보다 가능성이 낮을 때는 perhaps를 씁니다. 정리하면 probably > maybe > perhaps의 순서가 됩니다.

(4) generally 일반적으로

> **general** 일반적인 + **-ly** → **generally** 일반적으로
>
> **Generally** speaking, women live longer. 일반적으로 말해서, 여자들이 더 오래 산다.

형용사 general에 -ly를 붙이면 부사 generally가 됩니다. 위 문장에서는 generally를 강조하기 위해 문장 맨 앞에 썼어요.

(5) really 실제로, 정말로

> **real** 진짜의, 실제의 + **-ly** → **really** 실제로, 정말로
>
> She's **really** hurt. 그녀는 정말로 상처 받았다.
> Not **really**. 꼭 그런 것은 아니야.
> I **really** don't mind. 나는 정말로 신경 쓰지 않아. (나는 정말로 상관없어.)

really는 정말 많이 사용하는 부사예요. 단순히 She's hurt.나 I don't mind.라고 하는 것보다 이처럼 really를 추가한 문장의 수준이 더 높습니다. 특히 Not really.는 No.와 같은 의미를 나타내지만, 직접적이고 단정적인 말투인 No.보다 부드러운 표현이에요.

(6) strictly 엄격하게, 엄하게, 절대적으로

> **strict** 엄격한, 엄밀한 + **-ly** → **strictly** 엄격하게, 엄하게, 절대적으로
>
> This is **strictly** between us, okay? 이것은 절대 우리 사이의 비밀이야, 알았지?

(7) finally 마침내, 결국, 최종적으로

final 최후의, 최종적인 + **-ly** → **finally** 마침내, 결국, 최종적으로

Finally, the teacher understood us. 마침내 그 선생님이 우리를 이해했다.

부사 finally를 강조하기 위해 문장 맨 앞에 썼어요.

(8) obviously 명백히, 분명히, 확실히

obvious 명백한, 분명한 + **-ly** → **obviously** 명백히, 분명히, 확실히

Obviously, you have more important things on your mind.
분명히 너의 마음속에 더 중요한 것들이 있어. (내가 원하는 것을 상대방이 덜 중요하게 여겨서, 해 주지 않을 때 아쉬움을 담아 하는 말)

The words "learn" and "run" is obviously troublesome for Korean students.
단어 learn과 run은 한국 학생들에게 확실히 (발음하는 데) 골칫거리다.   * troublesome 골칫거리인

첫 번째 문장에서는 obviously를 강조하기 위해 문장 맨 앞에 썼고, 두 번째 문장에서는 obviously를 강조하지 않고 is 뒤에 썼어요. obviously는 앞에서 배운 definitely로 바꿔 쓸 수 있어요.

(9) immediately 즉시, 당장

immediate 즉시의, 직접의 + **-ly** → **immediately** 즉시, 당장

He replied immediately. 그는 즉시 응답했다.

이렇게 문장의 길이가 짧을 때는 부사를 문장 맨 뒤에 써서 부연 설명으로 나타내기도 합니다.

(10) especially 특별하게, 특히

especial 특별한 + **-ly** → **especially** 특별하게, 특히

I especially enjoyed the cake. 나는 특히 케이크를 잘 먹었어요.

especially를 일반동사 enjoyed 앞에 썼어요. 식사를 대접받고 '특히 ~을 (더) 맛있게 잘 먹었어요'라고 말할 때 I especially enjoyed~로 말하면 좋습니다.

(11) **carefully** 조심해서, 주의하여

> **careful** 조심성 있는, 신중한 + **-ly** → **carefully** 조심해서, 주의하여
>
> Drive **carefully**! 조심해서 운전하세요!

Drive carefully 처럼 동사 뒤에 carefully를 쓰는 생활영어 4개도 외우세요.
listen carefully, read carefully, open carefully, move carefully

(12) **unintentionally** 본의 아니게, 뜻하지 않게

> **unintentional** 고의가 아닌 + **-ly** → **unintentionally** 본의 아니게, 뜻하지 않게
>
> I **unintentionally** embarrassed other people.
> 나는 본의 아니게 다른 사람들을 당황하게 했다.

embarrass(당황스럽게 하다)는 정말 많이 쓰이는 단어입니다. 당황스럽거나 난처한 상황에서 자주 사용해 보세요. 자주 쓰는 말로 I was embarrassed, It was embarrassing, You embarrassed me가 있어요.

② 형용사와 관계없이 만들어진 부사들

앞에서 형용사에 -ly가 붙어서 부사가 된 경우를 살펴봤어요. 이제는 단어 자체가 부사인 경우를 살펴봐요.

(1) **also** 또한, ~도

> It **also** doesn't make any sense.
> 그것 또한 말도 안 돼.   * make sense 이치에 맞다, 이해가 되다

(2) **always** 항상

> You're **always** so impatient.
> 너는 늘 아주 참을성이 없어.   * impatient 참을성 없는

always, often과 같은 빈도부사는 다른 일반부사에 보다 'be동사 뒤, 일반동사 앞'에 쓰는 규칙을 더 정확하게 따릅니다.

(3) only 오직, ~만

> **Authorized Personnel Only**
> 관계자**만** (관계자 외 출입 금지)
>
> You are the **only** one I can turn to.
> 너는 내가 의지할 수 있는 **유일한** 사람이야.

* authorized 공인된 personnel 직원들, 인원

* turn to ~에게 의지하다

첫 번째 문장에서 only는 부사로 쓰였고, 두 번째 문장에서 only는 one을 꾸며주는 형용사로 쓰였어요. only는 부사와 형용사로 모두 쓸 수 있어요.

(4) already 벌써

> Are you **already** here? 벌써 왔어?
> It's **already** three o'clock. 벌써 세 시야.

(5) sometimes 가끔, 때때로

> It happens **sometimes**. 때때로[가끔] 일어나는 일이야.

sometimes를 문장 맨 뒤에 썼는데, 일반동사 happens 앞에 써서 It sometimes happens.라고 말할 수도 있어요. sometimes를 문장 맨 앞에 써도 될까요? 네! Sometimes it happens도 좋은 표현이에요.

(6) often 종종, 자주

> How **often** do you go there? 너는 거기에 얼마나 **자주** 가?
> How **often** do you meet him? 너는 그를 얼마나 **자주** 만나?
> How **often** did they come? 그들이 얼마나 **자주** 왔었어?

How often은 '얼마나 자주'라는 뜻으로 빈도를 물을 때 사용되는 표현이에요. 꼭 사용하세요.

(7) seldom 드물게, 거의 ~ 않는

> I **seldom** go there. 나는 **드물게** 거기에 간다. (나는 **좀처럼** 거기에 가지 **않는다**.)

(8) just 그저, 단지

> I **just** want to talk to you for a second. 나는 단지 잠시 동안 너와 이야기하고 싶어.

(9) never 결코 ~ 않는

> You'll **never** know until you try. 네가 시도할 때까지는 절대[결코] 알 수 없는 거야.

우리말의 '해 보기 전에는 모르지', '길고 짧은 건 대 봐야 알지'와 의미가 통하는 문장이에요. 상대방에게 용기를 가지고 뭔가를 도전해 보라고 격려해 줄 때 쓰기 좋습니다.

(10) last 마지막으로

> When did you see her **last**? 그녀를 마지막으로 본 게 언제였죠?
> You said that **last** time. 네가 지난번에 그렇게 말했잖아.

첫 번째 문장에서 last는 '마지막으로'라는 뜻의 부사로 사용되었고, 두 번째 문장에서 last는 '마지막의'라는 뜻으로 time을 꾸며주는 형용사로 사용되었어요. last도 형용사와 부사로 모두 쓰입니다.

(11) very 매우, 아주

> You look **very** tired. 너는 아주 피곤해 보여.

very는 사용빈도수가 매우 높습니다. very good, very hot, very cold, very difficult, very sweet, very expensive, very helpful처럼 자주 사용하세요.

(12) almost 거의

> **Almost** there. 거의 거기야. (거의 다 왔어.)
> I **almost** bumped into him. 난 그 사람과 거의 부딪칠 뻔했어.   * bump into ~와 부딪히다

목적지에 다 와 가냐는 질문에 대답할 때 We are almost there.(거의 다 왔어.)라고 말하거나, 이를 짧게 줄여서 Almost there.라고 말할 수 있어요. 유사한 표현인 Almost ready.(거의 준비됐어.) / Almost believed.(거의 믿었어.) / Almost finished.(거의 끝났어.) / Almost always.(거의 항상.) 등도 생활 영어에 사용해 보세요.

③ 글의 수준을 높이는 부사의 활용

부사를 사용하기 전의 글을 먼저 읽어 보세요. 차분하게 읽으면 모두 해석할 수 있습니다.

The spring vacation came. I wanted to go back to Los Angeles. I had one week. The spring vacation was short. I had to leave. I arrived in Nebraska in two days. I saw the sign on the road. It said, "Welcome to the State of Potatoes." I expected Nebraska had many potatoes. It had many potatoes. I saw potatoes for two days. I drove along the potato field for eighteen hours. I had potatoes for every meal, five meals. I dreamed of potatoes talking and chasing me. I drove 100 miles an hour to get out of the state. I took the wrong way in the third night. I drove all night.

I was happy when I saw the sign of Kansas in the morning. It said, "Welcome to the State of Wheat." I was worried. As soon as I got in Kansas, there was a wheat field. I became impatient. For fourteen hours, I saw wheat. I had wheat bread for every meal, five meals. Wheat was everywhere. I slept in Motel 6 next to the wheat field. I had car accidents in Kansas, twice. I hit the bridge in my first trip to LA and in my second trip, I drove into the wheat field. I will not forget this experience. It was an unforgettable trip.

봄 방학이 왔다. 나는 로스앤젤레스로 돌아가고 싶었다. 나에게는 일주일의 시간이 있었다. 봄 방학은 짧았다. 나는 떠나야만 했다. 나는 이틀 뒤에 네브라스카 주에 도착했다. 나는 길 위에 있는 표지판을 보았다. 거기에는 "감자의 주(州)에 오신 것을 환영합니다."라고 쓰여 있었다. 나는 네브라스카 주에 감자가 아주 많을 거라고 예상했다. 그곳에는 많은 감자가 있었다. 나는 이틀 동안 감자를 보았다. 나는 18시간 동안 감자 밭을 따라 차를 몰았다. 나는 매끼, 즉 다섯 끼니의 감자를 먹었다. 나는 감자가 말을 하며 나를 쫓아오는 꿈을 꾸었다. 나는 그 주를 벗어나기 위해 시속 100마일로 운전했다. 나는 3일째 밤에 길을 잘못 들었다. 나는 밤새도록 운전했다.

나는 아침에 캔자스 주의 표지판을 보았을 때 아주 기뻤다. 거기에는 "밀의 주(州)에 오신 것을 환영합니다."라고 쓰여 있었다. 나는 걱정이 되었다. 캔자스 주에 도착하자마자 밀밭이 있었다. 나는 인내심을 잃어 갔다. 14시간 동안 나는 밀을 보았다. 나는 매끼, 즉 다섯 끼니의 밀빵을 먹었다. 밀은 도처에 널려 있었다. 나는 밀밭 옆에 있는 Motel 6에서 잠을 잤다. 나는 캔자스 주에서 교통사고가 두 번 있었다. 나는 LA로 가는 첫 번째 여행에서 다리를 들이받았고, 두 번째 여행에서는 밀밭으로 운전해 들어갔다. 나는 이 경험을 잊지 못할 것이다. 그것은 잊을 수 없는 여행이었다.

* chase 뒤쫓다 wheat 밀 impatient 참을성 없는 unforgettable 잊을 수 없는

이제 이 글에 부사를 끼워 넣어 볼게요. 부사를 쓰기 전의 문장과 쓰고 난 후의 문장을 비교하면서 부사가 문장의 수준을 얼마나 끌어올리는지 파악해 보세요.

Before The spring vacation came.
After **Finally**, the spring vacation came.
마침내[드디어] 봄 방학이 왔다.

Before I wanted to go back to Los Angeles.
After I **really** wanted to go back to Los Angeles.
나는 몹시 로스앤젤레스로 돌아가고 싶었다.

Before I had one week.
After I had **only** one week.
나에게는 겨우 일주일의 시간이 있었다.

Before The spring vacation was short.
After The spring vacation was **relatively** short.
봄 방학은 비교적 짧았다.

Before I had to leave.
After I had to leave **immediately**.
나는 즉시[당장] 떠나야만 했다.

Before I arrived in Nebraska in two days.
After **Fortunately**, I arrived in Nebraska in two days.
다행히 나는 이틀 뒤에 네브라스카 주에 도착했다.

Before I saw the sign on the road.
After I **clearly** saw the sign on the road.
나는 길 위에 있는 표지판을 분명히[똑똑히] 보았다.

Before I expected Nebraska had many potatoes.
After I **undoubtedly** expected Nebraska had **so** many potatoes.
나는 의심할 여지없이 네브라스카 주에 감자가 아주 많을 거라고 예상했다.

Before It had many potatoes.
After **Actually**, it had **too** many potatoes.
실제로 그곳에는 너무 많은 감자가 있었다.

Before I drove along the potato field for eighteen hours.
After I **interminably** drove along the potato field for eighteen hours.
나는 18시간 동안 감자 밭을 따라 **끝도 없이** 차를 몰았다.

Before I dreamed of potatoes talking and chasing me.
After I **even** dreamed of potatoes talking and chasing me.
나는 **심지어** 감자가 말을 하며 나를 쫓아오는 꿈을 꾸었다.

Before I drove 100 miles an hour to get out of the state.
After I **hurriedly** drove 100 miles an hour to get out of the state.
나는 그 주를 벗어나기 위해 **서둘러서** 시속 100마일로 운전했다.

Before I took the wrong way in the third night.
After I **mistakenly** took the wrong way in the third night.
나는 3일째 밤에 **실수로** 길을 잘못 들었다.

Before I drove all night.
After I **angrily** drove all night.
나는 밤새도록 **화를 내며** 운전했다.

Before I was happy when I saw the sign of Kansas in the morning.
After I was **so** happy when I **clearly** saw the sign of Kansas in the morning.
나는 아침에 캔자스 주의 표지판을 **분명하게** 보았을 때 **아주** 기뻤다.

Before I was worried.
After I was **extremely** worried.
나는 **극도로** 걱정되었다.

Before As soon as I got in Kansas, there was a wheat field.
After As soon as I got in Kansas, there was a wheat field **endlessly**.
캔자스 주에 도착하자마자 밀밭이 **끝없이** 있었다.

Before I became impatient.
After I became **gradually** impatient.
나는 **점차** 인내심을 잃어 갔다.

Before I had wheat bread for every meal, five meals.
After I **inevitably** had wheat bread for every meal, five meals.
나는 **불가피하게[어쩔 수 없이]** 매끼, 즉 다섯 끼니에 밀빵을 먹었다.

Before I slept in Motel 6 next to the wheat field.
After I slept **uncomfortably** in Motel 6 next to the wheat field.
나는 밀밭 옆에 있는 Motel 6에서 **불편하게(기분이 언짢게)** 잠을 잤다.

Before I hit the bridge in my first trip to LA and in my second trip, I drove into the wheat field.
After I hit the bridge in my first trip to LA and in my second trip, I **unconsciously** drove into the wheat field.
나는 LA로 가는 첫 번째 여행에서 다리를 들이받았고, 두 번째 여행에서는 **무심결에** 밀밭으로 운전해 들어갔다.

Before I will not forget this experience.
After I will **never** forget this experience.
나는 이 경험을 **결코** 잊지 **못**할 것이다.

Before It was an unforgettable trip.
After It was a **definitely** unforgettable trip.
그것은 **확실히** 잊을 수 없는 여행이었다.

부사를 쓰면 영어 문장의 수준이 올라가는 것을 이제 잘 알겠죠? 여기서 사용한 부사를 읽어 보세요. 모두 24개 입니다.

finally, really, only, relatively, immediately, fortunately, clearly, undoubtedly, so, actually, too, interminably, even, hurriedly, mistakenly, angrily, clearly, extremely, endlessly, gradually, inevitably, uncomfortably, unconsciously, never, definitely

개념 정리 Quiz

1 부사의 뜻으로 바르지 못한 것을 고르세요.

① definitely – 확실히   ② carefully – 조심해서
③ generally – 특히   ④ probably – 아마도

2 부사의 뜻으로 바르지 못한 것을 고르세요.

① incredibly – 믿을 수 없을 정도로   ② barely – 가끔, 때때로
③ obviously – 명백히, 분명히   ④ immediately – 즉시, 당장

3 의미상 빈칸에 들어갈 부사로 가장 적절한 것을 고르세요.

> I _____ care about you.

① hopefully   ② always
③ safely   ④ besides

4 의미상 빈칸에 들어갈 부사로 어울리지 않는 것을 고르세요.

> The music _____ calms me down.

① always   ② never
③ strictly   ④ slowly

5 의미상 빈칸에 들어갈 부사로 어울리지 않는 것을 고르세요.

> Keeping a healthy relationship is _____ hard.

① sometimes   ② often
③ usually   ④ differently

* care about ~에 마음을 쓰다, 관심을 가지다   healthy relationship 건전한 관계

6 우리말을 영어로 옮기기 위해 알맞은 것을 고르세요.

(1) We (barely / never) know each other.
우리는 서로를 거의 알지 못한다.

(2) (General / Generally) speaking, women live longer.
일반적으로 말해서, 여자들이 더 오래 산다.

(3) (Finally / Last), the teacher understood us.
마침내 그 선생님이 우리를 이해했다.

(4) I (intentionally / unintentionally) embarrassed other people.
나는 본의 아니게 다른 사람들을 당황하게 했다.

7 각 형용사를 부사로 바르게 고친 것을 고르세요.

| colorful | smooth | fortunate | immediate |

① colorfuly   smoothlly   fortunately   immediatly
② colorfuly   smoothly   fortunatelly immediately
③ colorfully smoothly   fortunately   immediately
④ colorfully smoothly   fortunatly   immediatly

8 형용사에 **-ly**를 붙여서 만든 부사가 아닌 것을 고르세요.

① interestingly ② only
③ obviously   ④ sadly

* embarrass 당황하게 하다

Practice

A 부사를 찾아서 밑줄을 치고, 문장을 해석하세요.

1. Obviously, I am on your side. *be on one's side ~의 편이다
   → _____

2. Especially, the music in the last part was impressive. *impressive 인상적인
   → _____

3. It is probably his.
   → _____

4. I barely escaped from the accident. *escape 탈출하다
   → _____

5. Luckily, I passed the test.
   → _____

B 내용상 알맞은 부사를 사용해서 문장을 완성하세요.

> almost   already   never   absolutely   just

6. 벌써 갈 시간이에요.
   → It is _____ time to go.

7. 나는 단지 이에 대한 그의 조언이 필요할 뿐이야.
   → I _____ need his advice for this.

8. 나는 이것에 대해서 결코 못 잊을 거야.
   → I will _____ forget about this.

9. 나는 하마터면 그에게 그 비밀을 말할 뻔했다.
   → I _____ said the secret to him.

10 이것은 확실히 나의 전환점이다.

→ This is _____ my turning point.

C 부사를 자연스러운 위치에 끼워 넣어 문장을 다시 쓰세요.

| strictly | especially | seldom | relatively | never |
| also | immediately | extremely | definitely | probably |

11 그는 즉시 응답했다.

He replied.

→ _____

12 나는 극도로 걱정되었다.

I was worried.

→ _____

13 나는 특히 케이크를 맛있게 잘 먹었어요.

I enjoyed the cake.

→ _____

14 아마도 이번에는 네가 맞을 거야.

You are right this time.

→ _____

15 나는 이 경험을 결코 잊지 못할 것이다.

I will forget this experience.

→ _____

16 나는 드물게 거기에 간다. (나는 좀처럼 거기에 가지 않는다.)

I go there.

→ _____

17 이것은 절대(엄격하게) 우리 사이의 비밀이야, 알았지?
This is between us, okay?

→ _____

18 그것은 확실히 없는 것보다는 낫다.
It is better than nothing.

→ _____

19 봄 방학은 비교적 짧았다.
The spring vacation was short.

→ _____

20 그것 또한 말도 안 돼.
It doesn't make any sense.

→ _____

어떻게 만드나요? 부사절

부사절이 어렵다고 생각하는 분들이 많은데, 사실 매우 간단합니다.
이번 Lesson에서는 부사절이 무엇인지 아주 쉽게 설명해 드릴게요.

① 영어의 가장 이상적인 단어 배열 (SVO언어)

부사절에 대해 배우기 전에, 1권에서 배웠던 영어의 가장 이상적인 단어 배열을 다시 한 번 정리해 봐요.

명사 + 동사 + 명사 / 전치사 + 명사

이것을 문법적으로 표현하면 다음과 같습니다.

주어(S) + 동사(V) + 목적어(O) / 전치사 + 전치사의 목적어

이 순서는 영어에서 가장 많이 사용하는 단어 배열로, 영어 문장의 70% 정도가 이 단어 배열을 사용해서 만들어져요. 그래서 영어를 'SVO와 다량의 전치사 사용'이라고 부르기도 한답니다. 이 구조에 맞춰서 영작을 해 볼까요?

명사(주어)	+	동사	+	명사(목적어)	/	전치사	+	명사(전치사의 목적어)
❶ I		saw		her		on		the street.
❷ She		underlined		sentences		in		the book.
❸ I		have		some money		in		my pocket.
❹ He		studied		English		in		the library.
❺ John		lived		a happy life		in		Switzerland.
❻ He		has		a tattoo		on		his arm.
❼ We		have		a meeting		in		the morning.
❽ Susan		refunded		her clothes		at		the store.

❶ 나는 거리에서 그녀를 봤다. ❷ 그녀는 책에 있는 문장에 밑줄을 그었다. ❸ 나는 주머니에 돈이 좀 있다.
❹ 그는 도서관에서 영어를 공부했다. ❺ 존은 스위스에서 행복한 삶을 살았다. ❻ 그는 팔에 문신이 있다.
❼ 우리는 아침에 회의가 있다. ❽ 수잔은 가게에서 옷을 환불했다.

이 단어 배열에 맞춰서 영작을 하면 영어 문장 만들기가 아주 쉬워집니다. 이렇게 영어 문장을 만들 수만 있으면 부사도 사용하기 쉬워져요. 부사를 be동사 뒤나 일반동사 앞에 끼워 넣거나, 문장 맨 앞, 맨 뒤에 추가만 하면 되니까요.

② '구'와 '절'의 차이

부사절에 대해 설명하기 전에 '구'가 무엇이고, '절'이 무엇인지 알아둘 필요가 있어요.
다음에서 ❶번과 ❷번의 차이를 찾아보세요.

❶ **I see.** 나는 본다.
   People visit. 사람들이 방문한다.
   They laugh. 그들은 웃는다.

❷ **parking place** 주차장
   body shop 카센타
   dead end street 막다른 길

❶번은 〈명사(주어)+동사〉의 구조로 되어 있고, ❷번은 각각 〈동명사+명사〉, 〈명사+명사〉, 〈형용사+명사+명사〉의 구조로 되어 있어요. ❶번처럼 주어와 동사가 있는 구조를 '**문장**' 또는 '**절**'이라고 부르고, ❷번처럼 주어와 동사가 없는 구조를 '**구**'라고 부릅니다.

(1) **절**: 2개 이상의 단어로 구성되어 있으며, **주어**와 **동사**가 있다.
   that you remember my birthday 네가 내 생일을 기억하고 있는 것
        주어   동사
   that I know well 내가 잘 아는 것
        주어 동사
   because you are late 네가 늦었기 때문에
              주어 동사

(2) **구**: 2개 이상의 단어로 구성되어 있지만, 주어와 동사가 없다.
   a parking place 주차하는 곳, 주차장
   with an umbrella 우산을 가지고 있는
   in order to contact her 그녀에게 연락하기 위해서

절은 **주어**와 **동사**가 있다는 것을 잘 기억하시고, 이제 부사절에 대한 설명으로 넘어갈게요.

③ 특수부사란?

부사절을 이해하기 위해서는 먼저 특수부사에 대해 알아야 해요. 특수부사는 앞에서 배운 일반적인 부사와 성격이 조금 달라요. 특수부사는 **문장 맨 앞**에 쓰도록 정해져 있고, 긴 문장을 만드는 데 유용한 도구가 됩니다.

	일반부사	특수부사
위치	① be동사 뒤, ② 일반동사 앞, ③ 문장의 맨 앞, ④ 문장의 맨 뒤 등에 자유롭게 쓸 수 있다. *명사(목적어) 앞은 제외	항상 문장의 맨 앞에 쓰도록 위치가 정해져 있으며, 정해진 위치를 벗어나면 틀린다.
개수	형용사 뒤에 -ly를 붙여서 만든 것과 단어 자체가 부사인 것이 있는데, 그 개수가 많다.	개수가 많지 않다.

다음은 대표적인 특수부사입니다.

특수부사의 종류
when ~할 때   while ~ 동안에   after ~ 이후에 before ~ 전에   because ~ 때문에   since ~ 이후로, ~ 때문에

④ 특수부사를 사용해서 부사절 만들기

특수부사는 문장 맨 앞에 쓰면 돼요. 다음 문장(절)들 앞에 특수부사를 붙여 봐요.

❶ She was my friend.   그녀는 내 친구였다.
→ **Because** she was my friend,   그녀는 내 친구였기 **때문에 (부사절)**
    특수부사   절

❷ I finish my homework.   나는 숙제를 끝낸다.
→ **After** I finish my homework,   내가 숙제를 끝낸 **후에 (부사절)**
    특수부사   절

❸ I was driving.   나는 운전하고 있었다.
→ **While** I was driving,   내가 운전하는 **동안에 (부사절)**
    특수부사   절

이렇게 절(문장) 앞에 특수부사를 붙인 형태를 **'부사절'**이라고 불러요.

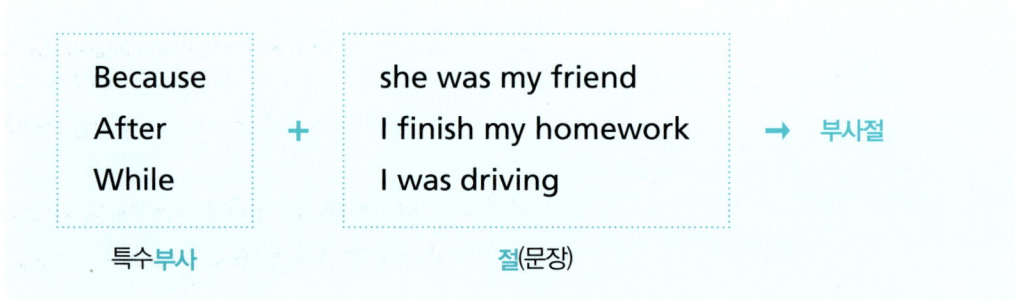

부사절을 쓰기 위해서는 문장(절)을 만들고, 그 문장 앞에 특수부사를 붙이기만 하면 됩니다. 이제 **부사절**이 무엇인지 명확하게 이해했죠?

개념 정리 Quiz

1 다음을 읽고 괄호 안에서 알맞은 것을 고르세요.

> 2개 이상의 단어로 구성되어 있으며 주어와 동사를 포함하고 있는 것을 (구 / 절)(이)라고 하고, 2개 이상의 단어로 구성되어 있으며 주어와 동사를 포함하고 있지 않은 것을 (구 / 절)(이)라고 한다.

2 다음 중에서 '구'인 것을 고르세요.

① The local bus runs every 20 minutes.
② Jenny came here on time.
③ Walking every morning for your health.
④ I want to borrow the book.

3 다음 중에서 '절(문장)'인 것을 고르세요.

① Running 20 minutes in order to lose my weight.
② To read books in English in my free time.
③ His opinion about the activity for this weekend.
④ Time passes without stop.

4 다음을 읽고 틀린 것을 고르세요.

① 특수부사는 문장의 맨 앞에 쓰도록 위치가 정해져 있다.
② 부사절을 만들기 위해서는 문장을 만들고 그 앞에 특수부사를 붙인다.
③ 특수부사에는 when, after, while, because 등이 있다.
④ 특수부사는 상황에 따라 문장의 맨 끝에 쓰기도 한다.

5 다음 중 특수부사가 아닌 것을 고르세요.

① when   ② finally
③ because   ④ while

* lose one's weight 살을 빼다   opinion 의견

6 의미상 빈칸에 들어가기에 적합한 것을 고르세요.

(1) 그는 잔다.　　　　　　　He sleeps.
→ 그는 자기 전에 _____ he sleeps,

① While　　　　　　　　② When
③ Because　　　　　　　④ Before

(2) 나는 영화를 보고 있었다.　I was watching a movie.
→ 내가 영화를 보는 동안 _____ I was watching a movie,

① While　　　　　　　　② When
③ Because　　　　　　　④ Before

(3) 나는 길을 잃어버렸다.　　I lost the direction.
→ 나는 길을 잃어버렸기 때문에 _____ I lost the direction,

① While　　　　　　　　② When
③ Because　　　　　　　④ Before

* direction 방향

Practice

A 특수부사를 찾아서 밑줄을 치고, 다음을 해석하세요.

1 Because it was raining,
→ _____

2 After she left the office,
→ _____

3 When you come,
→ _____

4 Since you are tired,
→ _____

5 While I was listening to music,
→ _____

B 특수부사를 사용해서 주어진 문장을 부사절로 만드세요.

6 나는 기분이 좋다   I feel good.
→ 나는 기분이 좋을 때   _____

7 어제 눈이 왔다   It snowed yesterday.
→ 어제 눈이 왔기 때문에   _____

8 나는 수학을 공부한다.   I study mathematics.
→ 나는 수학을 공부하는 동안   _____

9 그는 그 소식을 들었다.   He heard the news.
→ 그는 그 소식을 들은 이후에   _____

10 그녀는 학교에 간다.   She goes to school.
→ 그녀는 학교에 가기 전에   _____

LESSON 23 — 이게 다 뭐예요? 주절, 종속절

앞에서 배운 부사절을 이용해 문장 만드는 법을 알아봐요.
문법 용어를 기억해 두면 부사절에 대해서 더 깊이 이해할 수 있습니다.

① 절(문장)이 특수부사를 만나서 겪는 변화

문장(절) 앞에 특수부사를 붙이면, 그 문장에는 어떤 변화가 일어날까요?

While / Because / After	+	I was driving, / she was my friend, / I finish my homework,	I saw a car accident. / she encouraged me. / I will call you.
특수부사		절1(문장)	절2(문장)

I was driving.(나는 운전하고 있었다.)은 완벽한 문장이에요. 그런데 이 문장 앞에 특수부사 while을 붙이면 **While** I was driving(내가 운전하고 있는 동안에~)이라는 미완성된 문장으로 바뀝니다. 미완성된 내용이 완성되기 위해서는 바로 뒤에 나오는 두 번째 절의 내용에 의지하게 됩니다. 즉, 절2까지 나와야 전체 내용(문장)이 완성됩니다. 그래서 While I was driving 뒤에는 문장은 끝났어도 내용이 끝나지 않았음을 표시하는 쉼표(,)를 찍어야 합니다.

❶ **While** I was driving**,** I saw a car accident.
  나는 운전하는 **동안** 자동차 사고를 봤다.

❷ **Because** she was my friend**,** she encouraged me.
  그녀는 내 친구였기 **때문에** 나를 격려해 줬다.   * encourage 격려하다

❸ **After** I finish my homework**,** I will call you.
  내가 숙제를 끝낸 **후에** 너한테 전화할게.

② 절1과 절2의 이름

특수부사를 쓴 내용에는 두 개의 절이 있는데, 각 절을 다음과 같이 부릅니다.

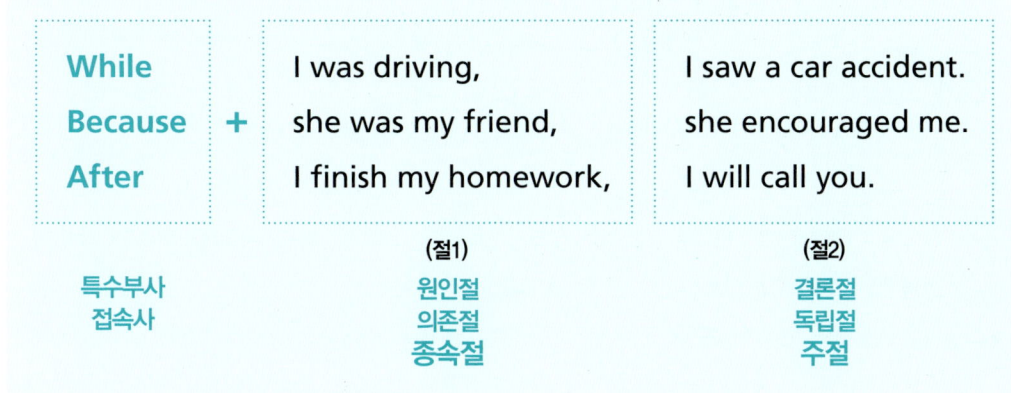

	(절1)	(절2)
특수부사 접속사	원인절 의존절 종속절	결론절 독립절 주절

절1과 절2를 각각 '원인절−결론절'이라고 부르기도 하고, '의존절−독립절'이라고 부르기도 해요. 또는 '종속절−주절'이라고 부르기도 해요. 이 중에서 가장 많이 쓰이는 것은 **'종속절−주절'**이에요.

특수부사인 after, before, since, when, because, while을 **'접속사(연결사)'**라고 부르기도 합니다. 왜냐하면 주절(**절1**)과 종속절(**절2**)을 내용상 연결해 주기 때문이에요.

③ 더 중요한 절은?

영어에서는 중요하고 강조하고 싶은 것을 앞으로 보내는 경향이 있어요. 그럼 주절과 종속절 중에서 어느 것이 내용상 더 중요할까요?

종속절 (절1)	주절 (절2)
While I was driving,	I saw a car accident.
Because she was my friend,	she encouraged me.
After I finish my homework,	I will call you.

이 말을 한 이유를 생각해 보면 내가 운전하고 있었던 것보다 자동차 사고를 본 것이 더 중요하고, 그녀가 내 친구인 것보다 나를 격려해 준 것이 더 중요하지요. 따라서 종속절(**절1**)과 주절(**절2**) 중에서 더 중요한 내용은 뒤에 있는 주절(**절2**)이에요.

영어는 중요하고 강조하고 싶은 것을 앞으로 보내므로, 주절(절2)을 앞으로 보내서 다음과 같이 쓸 수 있어요.

> **While** I was driving, I saw a car accident. ● 종속절-주절의 순서 (일반적인 어순)
>
> → I saw a car accident **while** I was driving. ● 주절-종속절의 순서 (주절을 강조하는 어순)

이렇게 주절을 앞으로 보내면 강조하는 효과가 있습니다. '종속절(절1)과 주절(절2)의 위치를 바꿀 수 있다'는 말을 들어 봤을 텐데, 바로 이런 이유 때문이에요.

그럼 글을 쓰면서 주절(절2)을 모두 앞으로 보내도 될까요? 가능하긴 하지만 주절을 모두 앞에 쓰면 매번 강조한 것이 되어서 과장된 느낌을 줍니다. 따라서 보통의 경우에는 종속절(절1)을 앞에 쓰되, 주절(절2)을 강조하고 싶을 때만 앞으로 보내면 됩니다.

개념 정리 Quiz

1 절이 특수부사를 만나서 겪게 되는 변화를 2개 고르세요.

① 문장이 완성된다.   ② 문장이 미완성된다.
③ 뒤에 마침표를 찍는다.   ④ 뒤에 쉼표를 찍는다.

2 부사절을 부르는 이름이 아닌 것을 고르세요.

① 종속절   ② 원인절
③ 주절   ④ 의존절

3 다음 중 잘못된 설명을 고르세요.

① 종속절은 주절을 동반해야 의미가 완성된다.
② 보통 종속절-주절의 순서로 쓰는 것이 자연스럽다.
③ 주절을 종속절의 앞에 쓰면 주절을 강조하는 효과가 있다.
④ 주절-종속절의 순서로는 쓰지 않는다.

4 다음 문장을 '주절-종속절'의 순서로 바꿔 쓰세요.

(1) Before you forget, you need to memorize it.

→ _____

(2) When you arrive there, you should call me immediately.

→ _____

5 다음 문장을 '종속절-주절'의 순서로 바꿔 쓰세요.

(1) He forgot to turn off the light when he left the office.

→ _____

(2) She didn't come back after she went to the gym.

→ _____

* memorize 암기하다   immediately 즉시, 당장   gym 체육관, 헬스클럽

Practice

A 부사절을 찾아서 밑줄을 치고, 문장을 해석하세요.

1 After I saw her on the street, I wanted to know about her.
→ _____

2 Please use public transportation when you come. *public transportation 대중교통
→ _____

3 Because he told me to do it, I did it.
→ _____

4 I was still wearing my pajamas because I decided to stay at home.
→ _____

5 While I was talking to her, she sat quietly.
→ _____

B 부사절을 이용해서 다음을 영어로 옮기세요.

6 나는 샤워를 한 후에 TV를 볼 거야. (take a shower)
→ _____ I will watch TV.

7 그들은 팔 때 항상 할인해 준다. (sell)
→ They always give a discount _____.

8 내가 공부하고 있는 동안 내 영어 실력이 늘고 있어요. (studying)
→ _____ my English is improving.

9 나는 그 수업을 빠졌기 때문에 내 친구에게 숙제에 대해서 물어봤다. (miss, class)
→ _____ I asked my friend about the homework.

10 먹기 전에 너는 손을 씻어야 한다. (eat)
→ You should wash your hands _____.

C 두 영어 문장 중 하나를 부사절로 바꿔서 한국말을 영어로 옮기세요.

11 나는 너를 보기 전에 Tom을 만났어.

I saw you. + I met Tom.

→ _____

12 우리는 점심을 함께 먹은 후 공원에 갔다. [주절 강조]

We went to the park. + We had lunch together.

→ _____

13 난 그를 오후 두 시에 볼 예정이기 때문에 한 시 정각에 떠날 거야.

I am going to see him at 2 p.m. + I will leave at 1 o'clock.

→ _____

14 나는 시간을 확인한 다음, 사무실을 나갔다.

I checked the time. + I left my office.

→ _____

15 나는 너를 기다리고 있는 동안, 네가 전에 한 말에 대해 생각했다. [주절 강조]

I thought about what you said before. + I was waiting for you.

→ _____

최강 영어실력 - 절을 구로 바꾸기

앞에서 특수부사를 이용해서 부사절 만드는 법을 배웠어요. 그런데 부사절은 부사구로 바꿔서 사용될 때가 많아요. 왜 부사절을 부사구로 바꾸는지 그 배경을 먼저 알아봐요.

① 영어는 내용보다 문법을 먼저 알린다

누군가 급하게 뛰어와서 Do you…? 또는 Will you…? / You are not… / If…만 말하고 쓰러졌다면, 그 사람이 무슨 내용의 말을 하려고 했는지 짐작할 수 없을 거예요. 하지만 확실하게 알 수 있는 것이 있는데, 그건 바로 문법이에요. 왜냐하면 영어는 전체 내용을 말하기 전에 앞서 그 문장이 사용할 문법을 보여 주기 때문이에요.

> **Do/Will you _____?** (전체 내용 자리) ▶ 전체 내용은 모르지만 의문문(문법)임을 알 수 있다.
>
> **You are not _____.** (전체 내용 자리) ▶ 전체 내용은 모르지만 부정문(문법)임을 알 수 있다.
>
> **If you _____.** (전체 내용 자리) ▶ 전체 내용은 모르지만 조건문(문법)임을 알 수 있다.

그렇다면 부사절이 있는 문장은 어떨까요? 영어는 내용보다 문법을 먼저 알리는 것을 선호하기 때문에, 문장에서 부사절이라는 문법을 사용한다고 알려주기 위해 이 '부사절'을 앞으로 보냅니다.

> **While I was driving, I saw a car accident.**
> 　　부사절(종속절)　　　　　　주절

② 영어는 중요하고 강조하고 싶은 것을 앞으로 보낸다

일반적으로 종속절보다 주절이 의미상 더 중요한 내용을 담고 있어요. 왜냐하면 부사절의 미완성된 내용이 주절을 통해 완성되기 때문이에요. 중요한 내용을 문장 앞쪽으로 보낸다는 영어의 또 다른 성격 때문에 '주절'을 앞으로 보낼 수 있어요.

> **I saw a car accident while I was driving.**
> 　　　주절　　　　　　　부사절(종속절)

내용보다 문법을 먼저 알린다는 영어의 특징을 생각하면 부사절을 앞에 써야 하고, 중요하고 강조하고 싶은 내용을 앞으로 보낸다는 영어의 특징을 생각하면 주절을 앞에 써야 합니다. 무엇을 먼저 쓸지 자리를 정하는 문제를 어떻게 해결할 수 있을까요? 부사절을 부사구로 바꾸면서 이 문제를 해결합니다.

③ 부사절을 부사구로 바꾸는 이유

주절을 뒤에 둔 상태에서 주절의 내용을 빨리 말하고 들을 수 있는 방법은 무엇일까요? 앞에 있는 부사절의 길이를 짧게 줄이면 됩니다. 부사절이 짧아지면 뒤에 있는 주절에 더 빨리 도달할 수 있으니까요. 그렇다면 부사절의 길이를 어떻게 줄일 수 있을까요? 부사절에 있는 단어 중에서 **생략해도 되는 단어**를 빼면 됩니다.

(1) be동사가 있는 경우

다음 문장의 부사절에서 어떤 단어를 생략해도 될까요?

> While ~~I was~~ driving, I saw a car accident.
> 부사절
>
> ◯ 부사절의 주어 I와 주절의 주어 I가 반복되므로 생략한다.
> ◯ 빼도 내용상 지장을 주지 않는 be동사를 생략한다.
>
> → While driving, I saw a car accident.
> 부사구

부사절에 있는 단어 중에서 생략해도 내용상 피해를 가장 적게 주는 단어를 빼야 해요. while과 driving은 내용상 꼭 필요합니다. 반면, was(~였다)는 의미가 약하기 때문에 생략해도 전체 내용을 이해하는 데 지장이 없으므로 빼도 됩니다. 또 부사절의 I와 주절의 I가 반복되기 때문에 부사절의 I를 빼도 괜찮습니다. 이렇게 반복되는 주어 (I)와 be동사를 생략했더니 부사절이 짧아져서 주절을 좀 더 빨리 보여 줄 수 있게 됐어요.

While driving처럼 줄인 형태를 '**부사구**'라고 부릅니다. '절'은 주어와 동사가 있는 형태이고, '구'는 주어와 동사가 없는 형태라고 배웠던 것 기억하죠? while driving에는 주어와 동사가 없기 때문에 '부사구'라고 하는 거예요.

(2) 일반동사가 있는 경우

이번에는 일반동사가 있는 부사절을 **부사구**로 바꿔 봐요. 다음 문장에서 주절을 빨리 보여 주기 위해 부사절을 짧게 줄이려고 해요. 무엇을 생략하면 될까요?

> **After + finish my homework**, I will call you.
>   부사절   ○ 부사절의 주어 I와 주절의 주어 I가 반복되므로 생략한다.
>
> → After finish my homework, I will call you. (×)

반복되는 주어 I는 생략해도 되지만, 동사 finish를 생략할 경우 의미상 지장이 크기 때문에 생략할 수 없어요. 그런데 주어 I를 생략하고 동사 finish만 놔두면 그 앞에 You나 They 같은 다른 주어가 올 수도 있어요.

하지만 finish가 동사의 성질을 버리면 더 이상 그 앞에 주어를 쓸 수 없게 돼죠. 그래서 동사의 성격을 없애기 위해 -ing를 붙여서 finishing을 만듭니다.

> **After + finish my homework**, I will call you.
>   부사절   ○ finish가 동사의 성격을 버리도록 -ing를 붙인다.
>
> → **After finishing my homework**, I will call you. (○)
>   부사구

이처럼 일반동사가 있는 부사절을 부사구로 바꿀 때는 반복되는 주어를 생략하고 일반동사를 -ing가 붙은 형태로 바꾸면 됩니다.

④ 부사절을 부사구로 바꾸지 않는 경우

(1) 정확한 시제를 알릴 때

부사절을 부사구로 바꾸기 위해 be동사를 생략하거나 일반동사를 -ing 형태로 고치면, 동사가 보여주는 시제가 사라져 버립니다. 즉, 현재형인지 과거형인지 진행형인지 구분하기 어려워져요. 만일 정확한 시제를 전달해야 한다면 부사절을 부사구로 바꾸지 않아야 합니다.

(2) 주절과 부사절(종속절)의 주어가 다를 때

주절과 부사절의 주어가 같지 않을 때는 부사절의 주어를 생략할 수 없습니다. 반복되는 주어 중 하나를 생략해도 남은 주어가 동일한 주어였다고 알려주는 이치인데, 주어가 반복이 안 되는데 생략해 버리면 생략된 주어가 무엇인지 알 수 없게 되기 때문입니다.

(3) 주절이 부사절 앞에 쓰였을 때

부사절을 부사구로 짧게 줄이는 이유는 주절의 내용에 빨리 도달하기 위해서입니다. 그런데 주절을 이미 앞에 썼다면 굳이 뒤에 있는 부사절을 부사구로 바꿀 필요가 없어요. 하지만 가벼운 성격의 writing이나 speaking에서는 편의상 뒤에 쓴 부사절을 부사구로 바꾸기도 합니다.

> I will start my own business after I finish my college. ○ Formal
> I will start my own business after finishing my college. ○ Informal
> 나는 대학을 마친 후 사업을 시작할 것이다.
>
> I saw a car accident while I was driving. ○ Formal
> I saw a car accident while driving. ○ Informal
> 나는 운전을 하는 동안 자동차 사고를 봤다.

부사절을 부사구로 바꾸는 것은 speaking을 위한 것일까요, writing을 위한 것일까요? 문장 길이를 줄이는 것은 문자 언어(written language)보다 구어(spoken language)에서 주로 일어나는 현상이에요. '절'을 줄여서 '구'로 만드는 것은 빨리 말하고 빨리 듣게 하기 위한 방법입니다. 따라서 부사구는 speaking에서는 적극적으로 사용해도 되지만, writing에서는 너무 많이 사용하지 않는 것이 좋습니다.

부사절을 부사구로 바꿔 말하는 능력은 그 사람의 영어 활용 실력을 보여주는 대표적인 요소 중의 하나입니다. 다음 Lesson에서는 부사절을 부사구로 바꾸는 연습을 좀 더 해봐요.

개념 정리 Quiz

1 다음 중 틀린 설명을 고르세요.

① 영어는 중요하거나 강조하고 싶은 내용을 앞으로 보내는 특징이 있다.
② 영어는 내용보다 문법을 먼저 알리는 특징이 있다.
③ 종속절과 주절 중 내용상 더 중요한 것은 종속절이다.
④ 주절을 강조하기 위해 문장 앞쪽에 쓸 수 있다.

2 다음 중 주절을 강조한 문장을 고르세요.

① While I was reading a book, I closed the door.
② After I met her, I changed my mind.
③ I started walking fast because I was getting late.
④ When I am alone, I look at my old album.

3 다음 중 부사구가 사용된 문장을 고르세요.

① After he returned from work, he cooked.
② After returning from work, he cooked.
③ After he returning from work, he cooks.
④ He will cook after he returns from work.

4 다음 문장의 부사절을 부사구로 바르게 바꾼 것을 고르세요.

> While we were attending the workshop, we wore the same uniform.

① While we attending the workshop, we wore the same uniform.
② While we were attending the workshop, wearing the same uniform.
③ While attending the workshop, we wore the same uniform.
④ While attend the workshop, we wore the same uniform.

* attend 참석하다

5 다음 문장의 부사절을 부사구로 바르게 바꾼 것을 고르세요.

> When you listen to the dialog, you can take a note.

① When listening to the dialog, you can take a note.
② You listen to the dialog, you can take a note.
③ When you listening to the dialog, you can take a note.
④ When listen to the dialog, you can take a note.

6 다음 문장의 부사절을 부사구로 바꿔서 다시 쓰세요.

After I waited for 30 minutes, I decided to call her.

→ _____

7 부사절을 부사구로 바꿀 수 없는 경우를 모두 고르세요.

① 주절과 부사절의 주어가 반복될 때
② 주절과 부사절의 주어가 다를 때
③ 정확한 시제를 알려야 할 때
④ 주절이 부사절 뒤에 쓰였을 때

8 다음 문장의 부사절 중 부사구로 줄일 수 없는 것을 고르세요.

① Before you leave home, you should double-check your backpack.
② While I was taking a walk, I listened to the music.
③ When she came, she brought this with her.
④ Because you already know the answer, I don't have to repeat it.

* take a note 적다, 기록하다   double-check 다시 확인하다

Practice

A 부사구를 찾아서 밑줄을 치고, 문장을 해석하세요.

1. After reading the story in the book, I summarized it.   *summarize 요약하다
   → _____

2. When spending your money, you need to think twice.
   → _____

3. While having a part-time job in the coffee shop, I met many different types of people.   *part-time job 아르바이트
   → _____

B 부사절을 부사구로 바꿔서 문장을 다시 쓰세요.

4. After I finished it, I met Jane to go to a movie.
   → _____

5. Before you buy it in the store, you should check the price.
   → _____

6. While we were sitting together, we had a long conversation.
   → _____

C 부사절을 이용해 영작한 다음, 부사구로 줄인 문장으로 한 번 더 바꿔 쓰세요.

7. 너를 만나기 전에 나는 그것에 대해서 걱정했었다. (meet)
   (1) [부사절] _____ I was worried about it.
   (2) [부사구] _____

8. 그녀와 전화로 얘기한 후 나는 날짜를 확인했다. (talk with, on the phone)
   (1) [부사절] _____ I checked the date.
   (2) [부사구] _____

부사절을 부사구로 바꾸기 - be동사

부사절을 부사구로 바꾸는 연습을 많이 할수록 부사절과 부사구 활용 능력을 키울 수 있습니다. 우선 부사절에 be동사가 있는 경우를 집중적으로 연습해 봐요.

1 주어가 같은 경우

be동사가 있는 부사절은 부사구로 바꾸기 쉽습니다. 절1과 절2에 반복되는 동일한 주어를 생략하고, 빼도 내용상 지장을 주지 않는 be동사를 빼면 됩니다.

❶ While ~~I was~~ cleaning my room, I listened to music.
　(절1)　　　　　　　　　　　　　(절2)
나는 내 방을 청소하는 동안에 음악을 들었다.　◐ 절2와 동일한 부사절의 주어를 생략하고, be동사를 생략한다.

→ ~~While~~ cleaning my room, I listened to music.

→ Cleaning my room, I listened to music.
　　　　　　　　　◐ while을 생략해도 이 말을 하는 앞 뒤 분위기상 의미가 전달되면 생략할 수 있다.

위 문장의 부사절을 부사구로 바꿀 때, 부사절의 I는 주절의 I와 반복되므로 생략해도 됩니다. 또 생략해도 전체 내용에 큰 지장을 주지 않는 was를 뺍니다.

여기에서 더 나아가서 특수부사 while을 생략하기도 합니다. while이 없어도 앞뒤 정황상 '~동안에'라는 의미가 전달될 때는 while을 생략할 수 있어요. 하지만 중요한 문서나 격식을 갖춰야 하는 대화에서는 생략하지 않습니다.

❷ While ~~I was~~ walking on the street, I ran into an old friend.
　(절1)　　　　　　　　　　　　　　　(절2)
나는 길을 걷다가 우연히 옛 친구와 마주쳤다.　◐ 절2와 동일한 부사절의 주어를 생략하고, be동사를 생략한다.

→ ~~While~~ walking on the street, I ran into an old friend.

→ Walking on the street, I ran into an old friend.
　　　　　　　　　◐ while을 생략해도 이 말을 하는 앞 뒤 분위기상 의미가 전달되면 생략할 수 있다.

여기서도 반복되는 주어인 I를 생략하고, 생략했을 때 의미상 큰 지장을 주지 않는 was를 뺍니다. 앞뒤 문맥상 while이 없어도 '~동안에'라는 의미가 전달될 경우 while도 생략할 수 있습니다.

                       (절1)   (절2)
❸ While ~~we were~~ camping, we saw a bear.
   우리는 캠핑하는 중에 곰을 보았다.   ◗ 절2와 동일한 부사절의 주어를 생략하고, be동사를 생략한다.

→ While camping, we saw a bear.

반복되는 주어인 we를 생략하고, 없어도 전체적인 내용 전달에 큰 지장을 주지 않는 were를 빼면 됩니다. 만약 were camping(캠핑 중이었다)이라는 '진행형 시제(be동사+ing)'를 살리고 싶다면 부사절을 그대로 유지해야 합니다. Lesson 24에서도 설명했듯이, 정확한 시제를 알리고자 한다면 부사구로 고치지 말고 부사절의 형태를 유지해야 합니다.
while을 생략해서 Camping, we saw a bear.라고 해도 문법적으로는 문제가 없습니다. 하지만 부사구에 camping만 남겨 두면 대화에 성의가 없어 보일 수 있으므로 유의해야 합니다.

                    (절1)   (절2)
❹ While ~~I was~~ reading a book, I fell asleep.
   나는 책을 읽고 있던 중에 잠이 들었다.   ◗ 절2와 동일한 부사절의 주어를 생략하고, be동사를 생략한다.

→ ~~While~~ reading a book, I fell asleep.
                                          ◗ while을 생략해도 앞 뒤 문맥상 의미가 전달되면 생략할 수 있다.

→ Reading a book, I fell asleep.

반복되는 주어인 I를 생략하고, 생략해도 의미상 큰 지장을 주지 않는 was를 뺍니다.

                       (절1)   (절2)
❺ Because ~~she was~~ extremely happy, she kissed everyone around her.
   그녀는 너무나 행복해서 그녀 주변의 모든 사람들에게 키스를 했다.
                                  ◗ 절2와 동일한 부사절의 주어를 생략하고, be동사를 생략한다.

→ ~~Because~~ extremely happy, she kissed everyone around her. (△)
                                  ◗ '이유'를 나타내는 because, as, since는 부사구로 고칠 때 거의 생략된다.

→ Extremely happy, she kissed everyone around her. (○)

반복되는 주어인 she를 생략하고, 생략해도 의미상 큰 지장을 주지 않는 was를 뺍니다. 그런데 because, as, since가 들어간 부사절을 부사구로 고칠 경우 because, as, since는 거의 생략됩니다. 생략해도 앞 뒤 문맥상 그 의미가 전달될 때가 많기 때문이지요. 따라서 위 예문에서 두 번째 형태로는 거의 쓰지 않고 보통 세 번째 형태로 사용합니다.
만일 Because, as, since를 생략하지 않고 두 번째 문장처럼 놔 두면 강조의 뉘앙스가 생겨요. 그러므로 내용상 특별히 강조할 의도가 아니라면 Because, as, since를 생략하는 것이 일반적입니다.
이 문장을 다음과 같이 바꾸기도 합니다.

❻ ~~Because she~~ was extremely happy, she kissed everyone around her.
그녀는 너무나 행복해서 그녀 주변의 모든 사람들에게 키스를 했다.

→ **Being extremely happy,** she kissed everyone around her. (O)

Becuase를 빼도 앞뒤 정황상 '~때문에'라는 의미가 확실해서 Because를 생략하고 주어 she까지 생략하면 was만 남아요. was의 동사원형 be에 -ing를 붙인 being으로 바꿔준 형태입니다.

               (절1)   (절2)
❼ Because ~~I am~~ not studying now, I can take a rest.
나는 지금 공부를 하고 있지 않기 때문에 쉴 수 있다.
                                ● 절2와 동일한 부사절의 주어를 생략하고, be동사를 생략한다.

→ ~~Because~~ not studying now, I can take a rest. (△)
                         ● because는 부사구로 고칠 때 보통 생략한다.

→ **Not studying now,** I can take a rest. (O)

→ **Not being studying now,** I can take a rest. (O)
                      ● 부사절이 '진행형'이었다는 것을 알리기 위해
                         <be+-ing>와 비슷한 <being+-ing>로 쓸 수 있다.

위와 같이 be동사 뒤에 not이 있는 부사절을 부사구로 바꿀 때 not은 -ing 단어 앞에 씁니다.
(예: Because I am **not** sleeping now ~   ● **Not** sleeping now)

② 주어가 같지만 단어가 다른 경우

부사절의 주어와 주절의 주어가 동일 인물을 나타내기는 하지만 단어가 다른 경우가 있어요. 이럴 때는 어떻게 부사구로 고쳐야 할까요?

               (절1)   (절2)
❶ When ~~the students were~~ taking a test, **they** used their dictionaries.
학생들은 시험을 볼 때 그들의 사전을 사용했다.
                    ● 절2와 동일한 부사절의 주어를 생략하고, 주절의 주어(절2)를 the students로 바꾼다.
                    ● be동사를 생략한다.

→ When taking a test, **the students** used their dictionaries.
                 ● when은 부사구로 고치면 전치사 upon이나 on으로 바꾸어 쓸 수 있다.

→ **Upon/On** taking a test, the students used their dictionaries.

부사절(절1)의 주어인 the students와 주절(절2)의 주어인 they가 동일 인물을 가리키므로 부사절(절1)의 주어인 the students를 생략해도 됩니다. 하지만, 이 경우에는 주어에 대한 정보(학생들)를 유지하기 위해서, they가 무엇이었는지 알려주기 위해서 the students로 바꿔 줘야 합니다. 또 when 부사구의 경우에는 when 대신 시간의 의미를 가진 전치사 upon이나 on을 써서 말하기도 합니다.

❷ While ~~Kathy was~~ sitting next to me, she silently looked at me.
　(절1)　　　　　　　　　　　　　　　(절2)
Kathy는 내 옆에 앉아 있는 동안에 나를 조용히 바라보았다.

　○ 절2와 동일한 부사절의 주어를 생략하고, 주절의 주어를 Kathy로 바꾼다.
　○ be동사를 생략한다.

→ ~~While~~ sitting next to me, Kathy silently looked at me.

　○ while은 부사구로 고칠 때 생략할 수 있다.

→ Sitting next to me, Kathy silently looked at me.

부사절(절1)의 주어인 Kathy와 주절(절2)의 주어인 she가 동일 인물을 가리키므로 부사절의 주어인 Kathy를 생략해도 됩니다. 하지만, 이 경우에는 주어에 대한 정보(이름이 Kathy)를 유지하기 위해서, 주절의 주어인 she를 Kathy로 바꿔 줘야 합니다.

두 예문을 통해서 알 수 있듯이, 부사절을 부사구로 고치면서 주어나 시제에 대한 정보가 사라질 수 있으므로 조심해야 합니다. 부사절을 부사구로 고쳐도 오해의 소지가 없을 때만 부사구로 고치도록 하세요.

③ 주어가 다른 경우

부사절(절1)의 주어와 주절(절2)의 주어가 다른 인물일 경우에는 어떻게 부사구로 고칠 수 있을까요?

❶ While the teacher was lecturing to the class, I carefully listened to him.
　　　　　(절1)　　　　　　　　　　　　　　(절2)
선생님이 반 학생들에게 강의하는 동안에 나는 주의 깊게 들었다.

　○ 부사절(절1)과 주절(절2)의 주어가 다르기 때문에 생략할 수 없다.

→ While lecturing to the class, I carefully listened to him. (✗)

이 문장은 부사절의 주어인 the teacher와 주절의 주어인 I가 동일 인물이 아니기 때문에 부사구로 고칠 수 없습니다. 만약 위와 같이 While lecturing to the class, I~ 로 바꾸면 생략한 주어와 동일한 주어가 I라는 오해가 생깁니다. 그래서 '선생님이 강의하는 동안'이 아니라 '내가 강의하는 동안'으로 해석되어 버립니다. 부사절(절1)과 주절(절2)의 주어가 다른 경우에는 부사구로 고치지 않는다는 점을 주의하세요.

❷ When <u>the police</u> were trying to stop them, <u>they</u> slapped each other.
    (절1)   (절2)

경찰관이 그들을 멈추게 하려 하자, 그들은 서로의 뺨을 찰싹 때렸다.

◐ 부사절(절1)과 주절(절2)의 주어가 다르기 때문에 생략할 수 없다.

→ When trying to stop them, they slapped each other. (×)

여기서도 부사절(**절1**)의 주어인 the police와 주절(**절2**)의 주어인 they가 동일 인물이 아니기 때문에 부사구로 고칠 수 없습니다. 위와 같이 When trying to stop them, they~로 바꾸면 생략한 주어와 동일한 주어가 they라는 오해가 생깁니다. 그래서 '경찰이 그들을 막으려 하자'가 아니라 '그들이 그들을 막으려 하자'로 해석되어 버립니다. 이렇게 부사절(**절1**)과 주절(**절2**)의 주어가 다른 경우에는 절대 부사구로 고치지 않습니다.

개념 정리 Quiz

1 부사절을 부사구로 바꾸는 이유는 무엇인가요?

   → _____

2 다음 문장의 부사절을 부사구로 바꿀 때 빈칸에 들어갈 알맞은 표현을 고르세요.

> While I was waiting in the room, I smelled cigarette smoke.
> → While _____ in the room, I smelled cigarette smoke.

① I wait
② wait
③ I waiting
④ waiting

3 다음 문장의 부사절을 부사구로 가장 잘 바꾼 것을 고르세요.

> Before the patient was released, he had to sign a hospital form.

① Before the patient released, he had to sign a hospital form.
② Before released, he had to sign a hospital form.
③ Before released, the patient had to sign a hospital form.
④ Before releasing, the patient had to sign a hospital form.

4 부사절을 부사구로 바꿀 수 없는 경우를 고르세요.

① 부사절이 진행형일 때
② 부사절과 주절의 주어가 다를 때
③ 주절이 부사절 뒤에 있을 때
④ 부사절에 be동사가 있을 때

5 다음 중 부사절을 부사구로 바꿀 수 없는 문장을 고르세요.

① When I eat a hamburger, I eat it with a large coke.
② While I was looking at it, I noticed a crack.
③ Because it was raining, we took a break.
④ After I saw him, I started to run.

* release ~을 풀어[놓아] 주다   crack (갈라져 생긴) 금

Practice

A 부사구를 찾아서 밑줄을 치고, 문장을 해석하세요.

1 While waiting for their arrival, I checked their schedule.

   → _____

2 Doing the dishes, I listened to the radio.

   → _____

3 Being able to speak in English, I volunteered as an interpreter.

   * volunteer 자원봉사하다 interpreter 통역사

   → _____

B 부사절을 부사구로 바꿔서 문장을 다시 쓰세요.

4 When you were lying, you were acting differently.   * lie 거짓말하다

   → _____

5 After it was tested several times, it was approved.   * approve 승인하다

   → _____

6 Before the floor was painted, it was washed neatly.   * neatly 말끔하게

   → _____

C 부사절을 이용해 영작한 다음 부사구로 줄인 문장으로 한 번 더 바꿔 쓰세요.

7 나는 그녀에게 그것을 설명하는 동안에 사진을 몇 장 보여 줬다. (explaining)

   (1) [부사절] _____, I showed some pictures.

   (2) [부사구] _____

8 그 음식은 주문된 뒤 요리사가 그것을 만든다. (food, order)

   (1) [부사절] _____, it is cooked by the chef.

   (2) [부사구] _____

D 부사구를 이용해서 다음을 영어로 옮기세요.

9 나는 늦게 들어오는 중이었기 때문에 조용히 자리에 앉았다.
   (enter, late, in a chair, quietly)

   → _____

10 TV를 보면서 그는 스마트폰으로 게임을 했다. (watch, play, smartphone)

   → _____

11 그 아이들은 밖에서 놀고 있을 때 유니폼을 입고 있었다. (outside, kid, wear, uniforms)

   → _____

12 Tony와 Jack은 선출되기 전에 몇 차례 테스트를 받았다. (select, test, several times)

   → _____

13 그녀는 나를 도울 수 없었기 때문에 나의 형을 불렀다. (unable, help, call)

   → _____

부사절을 부사구로 바꾸기 – 일반동사

앞에서는 be동사가 있는 부사절을 부사구로 고치는 연습을 해 봤어요.
이번에는 일반동사가 있는 부사절을 부사구로 바꾸는 연습을 해 봐요.

1 주어가 같은 경우

일반동사가 있는 부사절을 부사구로 고칠 때는 반복되는 주어(동일 인물)를 생략하고, 동사의 원형 뒤에 **-ing**를 붙여서 동사의 성격을 버리게 만듭니다.

❶ When + ~~I~~ entered the restaurant, I saw my ex-boyfriend. (절1) (절2)
   나는 그 식당에 들어갔을 때 전 남자 친구를 봤다.
   ◎ 절2와 동일한 부사절의 주어를 생략하고, 일반동사의 원형에 -ing를 붙인다.

→ When entering the restaurant, I saw my ex-boyfriend.
   ◎ when 부사구에서 when은 upon이나 on으로 바꾸어 쓸 수 있다.

→ Upon/On entering the restaurant, I saw my ex-boyfriend.

부사절(절1)의 I는 주절(절2)의 I와 반복되므로 생략합니다. 동사 entered를 생략해 버리면 내용 전달에 지장이 크기 때문에 빼면 안 됩니다. 그렇다고 entered를 그대로 놔두면 동사의 성격상 앞에 다른 주어를 쓸 수도 있습니다. 그래서 동사의 성격을 없애기 위해 동사원형 enter 뒤에 -ing를 붙여서 entering을 만듭니다. 또 when 부사구에서는 when 대신 전치사 upon이나 on을 쓸 수 있습니다.

❷ When ~~she~~ noticed her boyfriend's affair, she didn't know what to do. (절1) (절2)
   그녀는 남자 친구가 바람피운 것을 눈치 챘을 때 어떻게 해야 할지 몰랐다.
   ◎ 절2와 동일한 부사절의 주어를 생략하고, 일반동사의 원형에 -ing를 붙인다.

→ When noticing her boyfriend's affair, she didn't know what to do.
   ◎ when 부사구에서 when은 upon이나 on으로 바꾸어 쓸 수 있다.

→ Upon/On noticing her boyfriend's affair, she didn't know what to do.

부사절을 부사구로 바꾸기 위해, 부사절(절1)의 she는 주절(절2)의 she와 반복되므로 생략합니다. noticed의 동사 성격을 없애기 위해 원형인 notice에 -ing를 붙여서 noticing을 만듭니다.

❸ Before ~~she~~ went out, she turned off the light.
(절1)　　　　　　　(절2)

그녀는 나가기 전에 전등을 껐다.

◯ 절2와 동일한 부사절의 주어를 생략하고, 일반동사의 원형에 -ing를 붙인다.

→ Before going out, she turned off the light.

부사절을 부사구로 바꾸기 위해, 부사절(**절1**)의 she는 주절(**절2**)의 she와 반복되므로 생략합니다. went의 동사 성격을 없애기 위해 원형인 go에 -ing를 붙여서 going을 만듭니다.

부사절 Before she went out에서는 과거 시제라는 것을 알 수 있었지만, 짧게 바꾼 부사구 Before going out에서는 시제를 알 수가 없습니다. 이처럼 부사절을 부사구로 바꾸면 시제가 사라집니다.

❹ Before ~~they~~ signed the contract, they reviewed the conditions.
(절1)　　　　　　　　　　　(절2)

그들은 계약서에 서명하기 전에 조건들을 재검토했다.

◯ 절2와 동일한 부사절의 주어를 생략하고, 일반동사의 원형에 -ing를 붙인다.

→ Before signing the contract, they reviewed the conditions.

부사절을 부사구로 바꾸기 위해, 부사절(**절1**)의 they는 주절(**절2**)의 they와 반복되므로 생략합니다. signed의 동사 성격을 없애기 위해 원형인 sign 뒤에 -ing를 붙여서 signing으로 바꿉니다.

❺ After + met him, I changed my mind.
(절1)　　　　　(절2)

나는 그를 만난 후 마음이 바뀌었다.

◯ 절2와 동일한 부사절의 주어를 생략하고, 일반동사의 원형에 -ing를 붙인다.

→ After meeting him, I changed my mind.

부사절을 부사구로 바꾸기 위해, 부사절(**절1**)의 I는 주절(**절2**)의 I와 반복되므로 생략합니다. met의 동사 성격을 없애기 위해 원형인 meet 뒤에 -ing를 붙여서 meeting으로 바꿉니다.

❻ After + study for the exam, I will go to the gym.
(절1)　　　　　　　　(절2)

나는 시험 공부를 한 후 체육관에 갈 것이다.

◯ 절2와 동일한 부사절의 주어를 생략하고, 일반동사의 원형에 -ing를 붙인다.

→ After studying for the exam, I will go to the gym.

부사절을 부사구로 바꾸기 위해, 부사절(**절1**)의 I는 주절(**절2**)의 I와 반복되므로 생략합니다. study의 동사 성격을 없애기 위해 원형인 study 뒤에 -ing를 붙여서 studying으로 바꿉니다.

❼ After ~~she~~ takes off a cover, she never closes it properly.
  (절1)   (절2)

그녀는 뚜껑을 연 후에 절대 그것을 제대로 닫지 않는다.

➲ 절2와 동일한 부사절의 주어를 생략하고, 일반동사의 원형에 -ing를 붙인다.

→ After taking off a cover, she never closes it properly.

부사절을 부사구로 바꾸기 위해, 부사절(**절1**)의 she는 주절(**절2**)의 she와 반복되므로 생략합니다. takes의 동사 성격을 없애기 위해 원형인 take 뒤에 -ing를 붙여서 taking으로 바꿉니다.

❽ I will start my own business after ~~I~~ finish college.
  (절2)   (절1)

나는 대학을 마친 후 내 자신의 사업을 시작할 것이다.

➲ 절2와 동일한 부사절의 주어를 생략하고, 일반동사의 원형에 -ing를 붙인다.

→ I will start my own business after finishing college.

이번에는 주절(**절2**)이 앞에 온 경우예요. 부사절(**절1**)의 I는 주절(**절2**)의 I와 반복되므로 생략합니다. finish의 동사 성격을 없애기 위해 원형인 finish 뒤에 -ing를 붙여서 finishing으로 바꿉니다.

그런데 이렇게 부사절이 문장의 앞이 아니라 뒤에 있는 경우에는 부사구로 잘 고치지 않아요. 왜 그럴까요? 절을 구로 바꾸는 이유는 주절을 빨리 들려주기 위해서예요. 따라서 위와 같이 주절이 이미 앞에 나온 경우에는 뒤에 있는 부사절(**절1**)을 굳이 부사구로 고칠 필요가 없는 거지요. 하지만 speaking에서는 빨리 말하는 것을 선호하므로 주절 뒤에 쓰인 부사절도 부사구로 고치기도 합니다.

❾ Since ~~he~~ had a job, he has been busy every day.
  (절1)   (절2)

그는 직업을 가진 이후 매일 바빴다.

➲ 절2와 동일한 부사절의 주어를 생략하고, 일반동사의 원형에 -ing를 붙인다.

→ ~~Since~~ having a job, he has been busy every day. (△)

➲ '이유'를 나타내는 because, as, since는 부사구로 고칠 때 거의 생략된다.

→ Having a job, he has been busy every day. (○)

부사절(**절1**)의 he는 주절(**절2**)의 he와 반복되므로 생략합니다. had의 동사 성격을 없애기 위해 had의 원형인 have 뒤에 -ing를 붙여서 having으로 바꿉니다. 그런데 '이유'를 나타내는 since는 부사구로 고칠 때 거의 생략됩니다. 그래서 세 번째 문장과 같이 말하는 것이 자연스럽습니다.

⑩ Because ~~she~~ got up late,^(절1) she took a taxi.^(절2)

그녀는 늦게 일어났기 때문에 택시를 탔다.

◐ 절2와 동일한 부사절의 주어를 생략하고, 일반동사의 원형에 -ing를 붙인다.

→ ~~Because~~ getting up late, she took a taxi. (△)

◐ '이유'를 나타내는 because, as, since는 부사구로 고칠 때 거의 생략된다.

→ Getting up late, she took a taxi. (○)

부사절(**절1**)의 she는 주절(**절2**)의 she와 반복되므로 생략합니다. got의 동사 성격을 없애기 위해 got의 원형인 get 뒤에 -ing를 붙여서 getting으로 바꿉니다. 그런데 '이유'를 나타내는 because는 부사구로 고칠 때 거의 생략합니다. 그래서 세 번째 문장과 같이 말하는 것이 자연스럽습니다.

② 주어가 같지만 단어가 다른 경우

When ~~Lara~~ visited me,^(절1) she was wearing a big hat.^(절2)

Lara가 나를 찾아왔을 때, 그녀는 큰 모자를 쓰고 있었다.

◐ 절2와 동일한 부사절의 주어를 생략하고, 주절의 주어 She를 Lara로 바꾼다.
◐ 일반동사의 원형에 -ing를 붙인다.

→ When visiting me, Lara was wearing a big hat.

◐ when 부사구에서 when은 upon이나 on으로 바꾸어 쓸 수 있다.

→ Upon/On visiting me, Lara was wearing a big hat.

부사절(**절1**)의 주어인 Lara와 주절(**절2**)의 주어인 she가 동일 인물을 가리키므로 부사절(**절1**)의 주어인 Lara를 생략해도 됩니다. 이때 주절(**절2**)의 주어인 she를 Lara로 바꿔줌으로써 앞에서 생략된 정보(이름이 Lara)를 계속 유지해 줘야 합니다. when 부사구의 경우에는 when 대신 전치사 upon이나 on을 써서 말하기도 합니다.

③ 주어가 다른 경우

> (절1) (절2)
> **Since Jenny left,** Jenny's parents missed her.
> Jenny가 떠난 이후로 Jenny의 부모님은 그녀를 그리워했다.
> ◉ 부사절과 주절의 주어가 다르기 때문에 생략할 수 없다.
>
> → **Since leaving,** Jenny's parents missed her. (✕)

부사절(**절1**)의 주어인 Jenny와 주절(**절2**)의 주어인 Jenny's parents는 동일 인물이 아니기 때문에 부사구로 고칠 수 없습니다. 만약 위와 같이 Since leaving, Jenny's parents~ 로 바꾸면 생략한 주어가 Jenny's parents 라는 오해가 생깁니다. 그래서 '제니가 떠난 이후'가 아니라 '제니의 부모님이 떠난 이후'로 해석되어 버립니다. 따라서 이렇게 부사절과 주절의 주어가 다른 경우에는 부사구로 고치지 않는다는 점을 주의하세요.

개념 정리 Quiz

1. 다음 문장의 부사절을 부사구로 바르게 고친 것을 고르세요.

   > After you open it, you should preserve it in the refrigerator.

   ① Open it, you should preserve it in the refrigerator.
   ② After opening it, you should preserve it in the refrigerator.
   ③ After open it, you should preserve it in the refrigerator.
   ④ After you opening it, you should preserve it in the refrigerator.

2. 다음 문장의 부사구를 부사절로 바꿀 때 빈칸에 알맞은 말은 무엇인가요?

   > Before leaving the desk, I saved the data in my USB driver.
   > → Before _____ the desk, I saved the data in my USB driver.

   ① I leave   ② he left
   ③ I am leaving   ④ I left

3. 다음 중 부사구로 고칠 수 없는 문장을 고르세요.

   ① After you submit your paper, you can take a break.
   ② Because he knew the answer, he finished the test early.
   ③ Before she grabbed it, I pushed it to the side.
   ④ When I am tired, I go to a sauna.

4. 다음 중 부사절을 부사구로 바꿀 수 없는 경우를 모두 고르세요.

   ① 부사절의 시제가 과거일 때
   ② 시제를 정확하게 전달해야 할 때
   ③ 주절의 주어와 종속절의 주어가 다를 때
   ④ 주절의 주어와 종속절의 주어가 동일 인물이지만 단어가 다를 때

* preserve 보존하다, 보관하다   submit 제출하다   grab (와락) 움켜잡다

Practice

A 부사구를 찾아서 밑줄을 치고, 문장을 해석하세요.

1. When walking into the restaurant, I sensed people watching me curiously.
   * sense 감지하다 curiously 신기한 듯이
   → _____

2. Eating too little, Sam is losing his weight.
   → _____

3. After coming back home, I turned on the TV hurriedly to watch the baseball game.
   * hurriedly 황급히
   → _____

B 부사절을 부사구로 고쳐서 문장을 다시 쓰세요.

4. After I recharge the battery, I will call you.
   * recharge 재충전하다
   → _____

5. When Jason passed by me, he winked at me.
   * wink at ~에게 윙크하다
   → _____

6. Because I want to start exercising, I need some tips from you.
   → _____

C 부사절을 이용해 영작한 다음, 부사구로 한 번 더 바꿔 쓰세요.

7. 나는 줄넘기할 때 항상 수를 센다. (do jump rope)
   (1) [부사절] _____, I always count.
   (2) [부사구] _____

8. Mike는 문을 열기 전에 방 번호를 재차 확인했다. (open)
   (1) [부사절] _____, he rechecked the room number.
   (2) [부사구] _____

D 부사구를 이용해서 다음을 영어로 옮기세요.

9 심장에 문제가 있기 전에 그녀는 선수였다. (have a problem, with, heart, athlete)
→ _____

10 너와 일하는 동안에 나는 행복했어. (work, with, happy)
→ _____

11 여기에 도착했을 때 나는 너에게 전화했어. (arrive, call)
→ _____

12 영화를 본 후에 우리는 커피숍에 갔다. (watch, coffee shop)
→ _____

13 새로운 비밀번호를 만들고 나니까, 나는 이전 비밀번호가 생각났다.
(new, password, recall, old)
→ _____

부사절을 부사구로 바꾸기 - 고급

부사구와 관련하여 좀 더 수준 높은 부분을 다뤄볼 거예요.
또 부사절을 이끄는 다양한 특수부사도 외워 봐요.

1. 현재완료 부사절을 부사구로 바꾸기

have seen은 〈have + 과거분사〉 형태로서 현재완료 시제예요. 이렇게 시제가 현재완료인 부사절은 부사구로 어떻게 바꿀 수 있을까요?

~~Because~~ + <u>have seen</u> the movie, I don't want to go again.
　　　　　　　(절1)　　　　　　　　　　　　　(절2)
나는 그 영화를 본 적이 있기 때문에 다시 가고 싶지 않다.
　　○ 절2와 동일한 부사절의 주어(I)를 생략하고, have에 -ing를 붙인다.
　　○ 이유를 나타내는 because, as, since는 부사구로 고칠 때 거의 생략된다.

→ **Having seen the movie,** I don't want to go again.

부사절을 부사구로 바꾸기 위해, 일단 부사절(절1)의 주어인 I는 주절(절2)의 주어인 I와 반복되므로 생략합니다. have seen의 동사 성격을 없애기 위해 have에 -ing를 붙여서 having seen으로 만들면 부사구가 됩니다. 현재완료의 경우에는 이렇게 have에 -ing를 붙이면 됩니다.

~~Having~~ seen the movie, I don't want to go again.
　　　　　　　　　　　　　　　　　○ having을 생략하기도 한다.

→ **Seeing the movie,** I don't want to go again.

having seen이 완료형인 것은 알지만, 이것이 원래 현재완료였는지 과거완료였는지 알 수가 없습니다. have seen과 had seen은 부사구로 바꿀 때 둘 다 having seen으로 바뀌기 때문이에요. 이렇게 시제가 정확하지 않을 때는 having도 생략해서 더 짧게 줄일 수 있습니다. having을 빼면 seen이 남는데, 이것을 seeing으로 바꾸면 위와 같이 또 다른 부사구가 됩니다.
결국 <u>Having seen</u> the movie 또는 <u>Seeing</u> the movie 이렇게 두 가지로 바꿀 수 있습니다. 즉, 부사절의 시제가 현재완료인 경우에는 부사구를 두 가지로 만들 수 있습니다.

② 부정문 부사절을 부사구로 바꾸기

부사절에 not이 들어간 부정문의 경우에는 어떻게 부사구로 바꿀 수 있을까요?

> (절1) (절2)
> ~~Because I~~ don't work every day, I can have much free time.
> 나는 매일 일하지 않기 때문에 자유 시간을 많이 가질 수 있다.
>
> ◐ 절2와 동일한 부사절의 주어(I)를 생략하고, 일반동사의 원형에 -ing를 붙인다.
> ◐ 부정문임을 알리기 위해 -ing 앞에 not을 넣는다.
> ◐ '이유'를 나타내는 because, as, since는 부사구로 고칠 때 거의 생략된다.
>
> → Not working every day, I can have much free time.

부사절을 부사구로 바꾸기 위해, 부사절(**절1**)의 주어인 I는 주절(**절2**)의 주어인 I와 반복되므로 생략합니다. work의 동사 성격을 없애기 위해 -ing를 붙여서 working으로 만듭니다. 여기에 부정문임을 알리기 위해 not을 working 앞에 써 줍니다.

③ 현재완료 부정문 부사절을 부사구로 바꾸기

이번에는 현재완료에 not이 들어간 부사절을 부사구로 바꿔 봐요.

> (절1) (절2)
> ~~Because I~~ haven't seen the movie before, I really want to go.
> 나는 전에 그 영화를 본 적이 없기 때문에 정말로 가고 싶다.
>
> ◐ 절2와 동일한 부사절의 주어(I)를 생략하고, have에 -ing를 붙인다.
> ◐ 부정문임을 알리기 위해 -ing 앞에 not을 넣는다.
> ◐ '이유'를 나타내는 because, as, since는 부사구로 고칠 때 거의 생략된다.
>
> → Not ~~having~~ seen the movie before, I really want to go.
>
> ◐ having을 생략하고, seen을 seeing으로 바꿔 준다.
>
> → Not seeing the movie before, I really want to go.

부사절을 부사구로 바꾸기 위해, 부사절(**절1**)의 주어인 I는 주절(**절2**)의 주어인 I와 반복되므로 생략합니다. have seen의 동사 성격을 없애기 위해 have에 -ing를 붙여서 having seen으로 만들면 부사구가 됩니다. 여기에 부정문임을 나타내는 not을 having 앞에 씁니다. (예: not having seen~) having을 빼면 seen이 남는데, 이것을 seeing으로 바꿔서 또 다른 부사구를 만들 수 있습니다. not은 항상 -ing 앞에 씁니다. (예: not seeing~)

④ 부사절을 이끄는 기타 특수부사

지금까지 다룬 while, when, after, before, since, because는 부사절에서 가장 많이 사용되는 특수부사입니다. 이 6개의 특수부사는 사용 빈도수가 매우 높고 반복적으로 쓰입니다. 그래서 반복을 피하기 위해 이 특수부사가 들어간 부사절은 자주 부사구로 고칩니다.

부사절을 이끄는 특수부사에는 이 6개 외에도 여러 부사들이 있는데, 이들은 사용 빈도가 높지 않기 때문에 부사구로 고치지 않는 편입니다. 예를 들어 as soon as, all though, as long as 등은 부사절을 부사구로 고치지 않아도 됩니다. 하지만, 말하는 사람이 원할 경우 언제든지 부사구로 고쳐도 됩니다.

(절1) As soon as ~~she~~ carried two heavy bags, (절2) she became quite angry.
그녀는 무거운 가방 2개를 옮기자마자 아주 화를 냈다.
○ 절2와 동일한 부사절의 주어 (she)를 생략하고, 일반동사의 원형에 -ing를 붙인다.

→ As soon as carrying two heavy bags, she became quite angry.
○ as soon as는 전치사 upon/on으로 바꿔쓸 수 있다.

→ Upon/On carrying two heavy bags, she became quite angry.

특수부사들 중 일상생활에서 비교적 자주 사용되는 것들만 골랐습니다. 꼭 외워 두세요.

• as	~일 때, ~하면서, ~이므로, ~ 때문에
• once	일단 ~하면
• until	~ (때)까지
• by the time	~할 때까지(는), ~할 무렵
• as soon as	~하자마자
• as/so long as	~하는 한
• whenever	~할 때마다
• every time	~할 때마다
• the first time (that)	처음 ~할 때
• the second time (that)	두 번째로 ~할 때
• the last time (that)	지난번에 ~했을 때
• the next time (that)	다음에 ~할 때
• now that	~이므로, ~이기 때문에
• in as much as	~이므로, ~인 한
• though	~에도 불구하고, ~이지만, 그러나, 그래도

- although — 비록 ~일지라도
- even though — ~함에도 불구하고
- whereas — ~한데, ~임에 반해서
- only if — 오직 ~이면, ~해야만
- even if — 비록 ~할지라도
- unless — ~하지 않으면, ~하지 않는 한
- whether or not — ~인지 아닌지, ~이든 아니든
- providing (that) — ~라는 조건으로, 만일 ~라면
- provided (that) — ~라는 조건으로, 만일 ~라면
- in case (that) — ~일 경우에 대비해서
- in the event (that) — (만약에) ~할 경우에는

5 부사구로 바꾸면 시제가 사라진다

다음 6개 문장을 부사구로 바꾸면 그 결과는 모두 같습니다.

While they **watch**, they...
While they **are watching**, they...
While they **watched**, they...
While they **were watching**, they...
While they **have watched**, they...
While they **had watched**, they...

➡ While **watching**, they...

왼쪽에 있는 6개의 부사절은 시제가 현재형, 현재진행형, 과거형, 과거진행형, 현재완료형, 과거완료형으로 모두 다르지만, 부사구로 고치면 오른쪽처럼 모두 동일한 형태가 되어 버립니다. 이렇게 부사절을 부사구로 바꾸면 시제가 사라지기 때문에 내용의 정확성이 떨어집니다. 가능하면 부사절을 그대로 사용하되, **speaking**에서 주절을 빨리 전하고 싶거나 간단하게 말하고 싶을 때만 부사구를 사용하도록 하세요. 그럼에도 불구하고 **writing**에서 간혹 부사구를 사용하는 것은 오히려 높은 점수를 받을 수 있습니다.

왜냐하면 부사구를 사용하면 다음과 같은 6가지 사항을 알고 있다는 뜻이 되기 때문입니다.

❶ 문장을 만들 수 있다.
❷ 부사절의 시작을 알리는 특수부사를 안다.
❸ 부사절을 쓰는 자리를 안다.
❹ 부사절에 be동사가 있을 때와 일반동사가 있을 때를 구분하여 부사구로 바꿀 수 있다.
❺ 부사절을 부사구로 바꾸지 못하는 상황을 안다.
❻ 부사절을 부사구로 바꾸는 것은 speaking 전용이므로 writing에서는
   한두 번 정도만 사용한다.

개념 정리 Quiz

1 다음 문장의 부사절을 부사구로 바르게 바꾼 것을 모두 고르세요.

> Because I have been studying all day, I need a rest now.

① Because I studying all day, I need a rest now.
② Having been studying all day, I need a rest now.
③ Being studying all day, I need a rest now.
④ Been studying all day, I need a rest now.

2 다음 문장의 부사절을 부사구로 가장 바르게 바꾼 것을 고르세요.

> Because Tom has not finished his homework, he will not come.

① Not having finished his homework, he will not come.
② Having not finished his homework, Tom will not come.
③ Not having finished his homework, Tom will not come.
④ Tom not finishing his homework, he will not come.

3 다음 부사구를 부사절로 바꿀 때 가능한 형태가 아닌 것을 고르세요.

> While playing the game, we…

① While we play the game,
② While we don't play the game,
③ While we are playing the game,
④ While we have played the game,

4 다음 중 유사한 뜻으로 짝지어지지 않은 것을 고르세요.

① when – as
② even though – although
③ in case – in the event that
④ until – unless

Practice

A 부사절이나 부사구를 찾아서 밑줄을 치고, 문장을 해석하세요.

1 By the time receiving my message, you may be on the way to your home.

   → _____

2 Unless you have a membership card, you have to pay in full.

   *membership 회원

   → _____

3 Whether or not understanding the rule, you will be asked to start.

   → _____

4 Even though I finished work, I am in a office.

   → _____

5 As soon as I ordered, I realized that I ordered a wrong one.

   → _____

B 부사절을 이용해 영작한 다음 부사구로 한 번 더 바꿔 쓰세요.

6 시간이 없기 때문에 넌 지금 가야 돼. (have, time)

   (1) [부사절] _____, you should go now.

   (2) [부사구] _____.

7 그녀는 너그럽기 때문에 나를 용서할 것이다. (generous)

   (1) [부사절] _____, she will forgive me.

   (2) [부사구] _____.

8 나는 잔돈을 세지 않았기 때문에 정확히는 모르겠어. (count, changes)

   (1) [부사절] _____, I don't know exactly.

   (2) [부사구] _____.

LESSON 27

C 부사절을 이용해서 다음을 영어로 옮기세요.

9 네가 그들의 제안을 받아들일 때까지, 그들은 포기하지 않을 것이다.
　 (accept, suggestions, give up)

→ _____

10 당신이 양식에 서명하자마자, 우리는 진행할 거예요. (sign, form, proceed)

→ _____

11 그것을 사기 전에, 두 번 생각해 봐. (buy, twice)

→ _____

12 쉬는 동안에, 그 일에 대해서 생각해 볼게요. (take a rest, think)

→ _____

13 넌 그것을 한번 시작하면, 쉽게 빠져나올 수 없어. (start, escape, easily)

→ _____

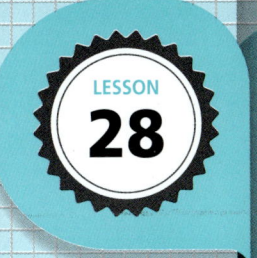

조동사가 뭘 도와줘?

조동사는 쓰는 자리도 정해져 있고, 개수도 얼마 안 되기 때문에 어렵지 않게 익힐 수 있어요. 조동사의 종류에 대해 알아보고, 조동사들의 뉘앙스 차이도 확인해 보세요.

① 조동사란 무엇일까?

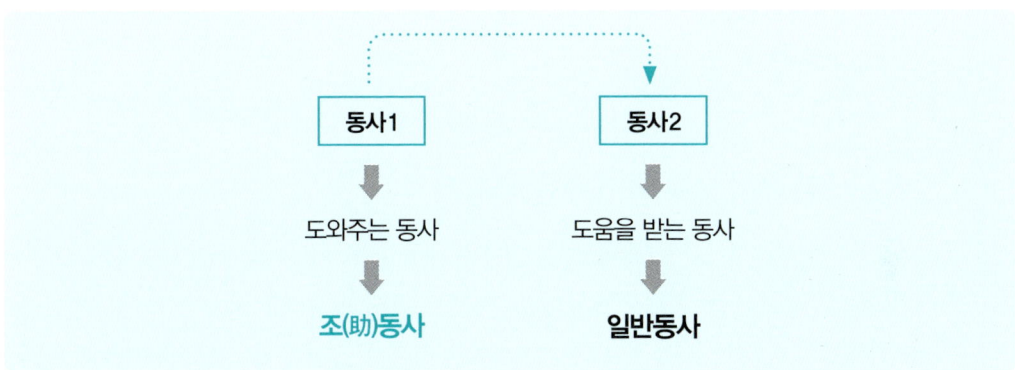

동사1이 동사2를 도와주는 경우가 있어요. 이때 동사1은 '도와주는 동사'이므로 '도울 조(助)'를 써서 **'조동사'** 라고 하고, 도움을 받는 동사인 동사2는 일반동사예요. 조동사는 '도와주는 동사'이므로 영어로는 Helping Verb라고 해요.

② 일반동사가 갖는 부담감

조동사는 일반동사를 도와주는 역할을 한다고 했는데, 일반동사의 어떤 점을 도와주는 걸까요?

(1) 인칭에 따른 변화

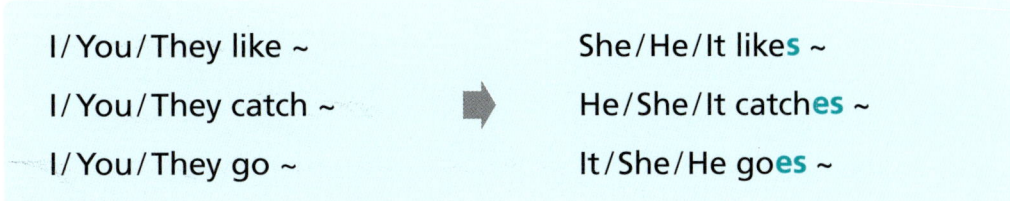

주어가 3인칭 단수(He, She, It)일 때 일반동사 뒤에는 항상 -(e)s를 붙여야 합니다. 알고는 있지만 틀리기 쉬운 부분이어서 무척 부담스럽지요. 이 부분을 조동사가 해결해요.

(2) 시제에 따른 변화

I like ~	I like**d** ~
He catches ~ ➡	He **caught** ~
They go ~	They **went** ~

과거 시제를 나타낼 때 보통은 일반동사 뒤에 -(e)d를 붙입니다. 그런데 과거형을 만들 때 불규칙적으로 변하는 동사들이 있어요. 이런 불규칙 과거형은 모두 외우고 있어야 해요. 따라서 동사의 과거형을 말할 때 -(e)d를 붙이는지 불규칙 변화를 하는지 금방 떠오르지 않아서 틀리는 경우가 무척 많습니다. 이 부분도 조동사가 해결해요.

③ 일반동사의 부담감을 덜어 주는 조동사

동사가 갖고 있는 이 두 가지의 부담감을 덜어 주는 것이 바로 조동사예요. <u>조동사를 쓰면 주어가 3인칭 단수(He, She, It 등)여도 일반동사에 -(e)s를 붙일 필요가 없습니다. 조동사 뒤에는 항상 동사원형을 쓰면 되니까요.</u> 예를 들어 조동사 can을 쓰고 나면 일반동사 뒤에 -(e)s를 붙일 필요 없이 동사원형만 쓰면 됩니다.

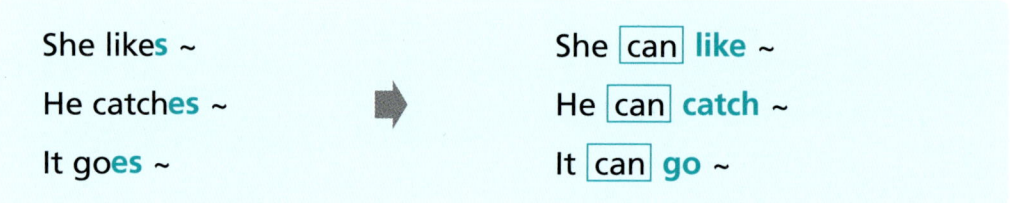

조동사가 일반동사를 대신해서 시제를 먼저 나타내기 때문에 뒤에 오는 일반동사는 시제 변화에서 자유로워집니다. 따라서 조동사를 쓰면 과거 시제를 나타내기 위해 일반동사에 -(e)d를 붙일 필요도 없고 불규칙 과거형을 외울 필요도 없습니다. 그냥 동사원형을 그대로 쓰면 됩니다. 예를 들어 과거시제를 나타내기 위해 can의 과거형인 could를 쓰고 나면 그 뒤에는 동사원형만 쓰면 됩니다.

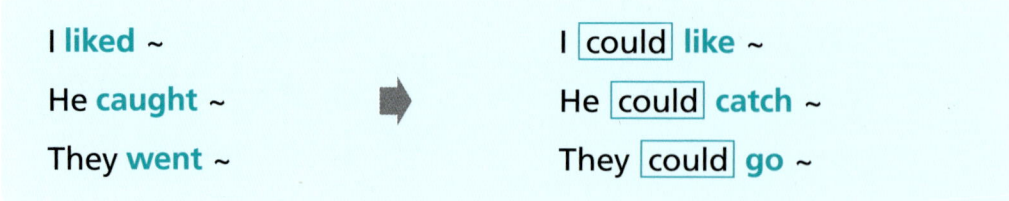

이렇게 일반동사를 쓸 때 자주 저지르는 '인칭과 시제에 관한 실수'를 조동사가 해결해 주다 보니 그 이름을 '<u>조동사</u>(도와주는 동사)'라고 지은 거예요. 이것을 '조동사 뒤에는 항상 **동사원형**을 쓴다'라고 요약해서 말할 수 있어요.

④ 조동사의 종류

조동사의 개수는 정식 조동사와 보조 표현(준조동사)을 포함해서 18개뿐이에요. 정식 조동사 9개, 준조동사 9개가 있어요. 조동사의 위치는 항상 동사 **앞**이에요. 18개 조동사를 사용해서 다양한 문장을 만들어 볼까요?

	I go.	나는 간다.	
❶	I **may** go.	나는 갈지도 모른다.	(조동사)
❷	I **might** go.	나는 갈지도 모른다.	(조동사)
❸	I **should** go.	나는 가야 한다.	(조동사)
❹	I **ought to** go.	나는 가야 한다.	(준조동사)
❺	I **have to** go.	나는 꼭 가야 한다.	(준조동사)
❻	I **will** go.	나는 갈 것이다.	(조동사)
❼	I **shall** go.	나는 갈 것이다.	(조동사)
❽	I **can** go.	나는 갈 수 있다.	(조동사)
❾	I **would** go.	나는 가곤 했다.	(조동사)
❿	I **used to** go.	나는 가곤 했다.	(준조동사)
⑪	I **could** go.	나는 갈 수 있었다.	(조동사)
⑫	I **must** go.	나는 꼭 가야 한다.	(조동사)
⑬	I **had better** go.	나는 가는 편이 좋겠다.	(준조동사)
⑭	I **am supposed to** go.	나는 가기로 돼 있다.	(준조동사)
	* be supposed to ~할 거라고 기대[추측]되다(~하기로 돼 있다)		
⑮	I **am to** go.	나는 꼭 가기로 돼 있다.	(준조동사)
	* be to ~할 것이 강하게 기대[추측]되다(꼭 ~하기로 돼 있다)		
⑯	I **am able to** go.	나는 갈 수 있다.	(준조동사)
⑰	I **am going to** go.	나는 갈 예정이다.	(준조동사)
⑱	I **have got to** go.	나는 꼭 가야 한다. (have to의 비격식 구어체 표현)	(준조동사)

이렇게 문장에 조동사를 넣으면 내용이 자세해지면서 글의 수준이 올라가는 효과가 있어요. 조동사를 사용할 때는 각 조동사가 가지고 있는 뉘앙스를 잘 구분해서 써야 합니다. 앞으로 18개의 조동사를 자유자재로 쓸 수 있도록 각각의 뉘앙스를 자세히 살펴봐요.

⑤ may와 might의 뉘앙스 차이

may (조동사)	**might** (조동사)
• **공손한 요구:** (제가) ~해도 될까요? **May I** borrow your bicycle? 제가 당신의 자전거를 빌려도 될까요? • **확신 50%:** ~일지도 모른다 He **may** be at the library. 그는 도서관에 있을지도 모른다. • **허락:** ~해도 좋다 You **may** leave the room. 너는 그 방을 떠나도 좋다.	• **공손한 요구:** (제가) ~해도 될까요? **Might I** borrow your bicycle? 제가 당신의 자전거를 빌려도 될까요? • **확신 20%:** ~일지도 모른다 He **might** be at the library. 그는 도서관에 있을지도 모른다. ⟨Notice⟩ 어감을 퍼센트(%)로 표현하는 것이 무리일 수 있지만, 뉘앙스를 쉽게 구별할 수 있도록 하기 위해 이 방법을 사용했습니다.

(1) may와 might가 정확하게 같은 뜻을 가졌다면 그 모양도 같았을 겁니다. 서로 철자가 다른 것으로 보아 둘 사이에 뭔가 차이점이 있다는 것을 알 수 있어요. 둘은 기본적으로 전달하는 뜻은 같지만, 뉘앙스를 들여다보면 확신의 정도가 달라요. 다음 두 문장 중 그가 올 확률이 더 높은 것은 무엇일까요?

❶ He **may** come. ➔ 그가 올 확률 50%
❷ He **might** come. ➔ 그가 올 확률 20%

우리말로 해석하면 둘 다 '그는 올지도 모른다.'이지만, 두 영어 문장이 주는 뉘앙스는 다릅니다. may를 쓴 ❶번이 might를 쓴 ❷번보다 그가 올 확률을 더 높게 말한 겁니다.

❸ It **may** rain. ➔ 비가 올 확률 50%
❹ It **might** rain. ➔ 비가 올 확률 20%

우리말로 해석하면 둘 다 '비가 올지도 모른다.'이지만, may를 쓴 ❸번이 might를 쓴 ❹번보다 비가 올 확률을 더 높게 말한 겁니다.

(2) 친구의 생각이 틀렸다고 생각할 때 직접적으로 You are wrong.(너 100% 틀렸어.)이라고 말하면 상대가 기분 나빠할 수도 있으므로 may나 might를 써서 말해 보세요.

❶ You are wrong. ◐ 틀릴 확률 100%
❷ You **may** be wrong. ◐ 틀릴 확률 50%, 맞을 확률 50%
❸ You **might** be wrong. ◐ 틀릴 확률 20%, 맞을 확률 80%

친구의 생각이 틀릴 확률이 50%, 맞을 확률이 50%라면 **may**를 써서 ❷번처럼 말하고, 친구의 생각이 맞는 것 같긴 하지만 틀릴 확률도 조금 있는 것 같을 때는 **might**를 써서 ❸번처럼 말합니다. 반대로, 친구의 생각이 거의 틀린 것 같지만 맞을 가능성도 희박하게나마 있는 것 같을 때는 You might be right.라고 하면 됩니다.

(3) 일상생활에서는 **may**와 **might** 중에서 어느 것을 더 많이 사용할까요? **may**를 더 많이 사용합니다. 그 이유는 **might**를 자주 사용하면 확률이 낮은 말을 자주 하는 셈이어서 늘 자신이 없는 사람처럼 보일 수 있기 때문이에요.

6 should와 ought to의 뉘앙스 차이

should (조동사)	**ought to** (준조동사)
• 충고: ~해야 한다 We **should** study today. 우리는 오늘 공부**해야 한다**. • 확신 90%: 틀림없이 ~할 것이다, ~할 것임에 틀림없다 John **should** pass the test. John은 그 시험을 **틀림없이 통과할 것이다**.	• 충고: ~해야 한다 We **ought to** study today. 우리는 오늘 공부**해야 한다**. • 확신 90%: 틀림없이 ~할 것이다, ~할 것임에 틀림없다 John **ought to** pass the test. John은 그 시험을 **틀림없이 통과할 것이다**.

(1) **should**와 **ought to**는 기본적인 뜻은 같지만 뉘앙스가 약간 달라요. 즉, 충고의 정도가 다릅니다. **should**는 상하관계를 따지지 않고 누구에게나 편하고 가볍게 충고할 때 사용하는 표현이에요. 반면 **ought to**는 윗사람이 아랫사람에게 사용하는 말투로 명령의 느낌을 줍니다.

(2) 다음 두 문장을 비교해 보세요.

❶ You **should** go there. ◐ 상하관계를 알 수 없다.
❷ You **ought to** go there. ◐ 윗사람이 아랫사람에게 말한다는 것을 알 수 있다.

우리말로 해석하면 둘 다 '너는 거기에 가야 한다'라는 뜻이지만, 두 문장이 주는 뉘앙스는 다릅니다. should를 사용한 ❶번은 편하고 가벼운 충고로, 대화하는 사람들 사이의 서열을 알 수 없습니다.
반면 ought to를 사용한 ❷번은 명령조의 충고로서 말하는 사람이 윗사람이고 듣는 사람이 아랫사람이라는 것을 알 수 있습니다. 이렇게 ought to는 명령 뉘앙스가 있기 때문에 should보다 강한 충고인 셈입니다.

(3) 그렇다면 지위가 낮은 사람이 지위가 높은 사람에게 ought to를 쓸 수는 없을까요? 대단히 진지하게 충고하거나 진언을 하고 싶다면 가능합니다. 그래도 지위가 높은 사람에게 ought to를 쓰면 감정을 상하게 할 수 있으므로 조심할 필요가 있습니다. 일상생활에서는 서열에 관계없이 가볍게 사용할 수 있는 should를 더 많이 사용하도록 하세요.

⑦ had better의 뉘앙스

had better (준조동사)

• 충고: ~하는 것이 낫다, ~하는 편이 좋겠다

You had better be there on time.
너는 거기에 제시간에 도착하는 것이 좋다.

(1) had better는 상대방이 잘되었으면 하는 바람에서 충고나 제안을 하는 뉘앙스를 가지고 있어요. 또 충고·제안을 한 대로 하지 않으면 나중에 반드시 후회하게 될 거라는 메시지가 바탕에 깔려 있습니다.

You had better go there. 너는 거기에 가는 것이 좋겠다.

친구가 잘되었으면 하는 마음에서 위와 같이 충고나 제안을 해 줬는데 친구가 가지 않았다면 어떨까요? 충고를 해 준 입장에서는 무척 아쉽고 안타까운 감정을 느낄 겁니다.

(2) had better도 ought to처럼 윗사람이 아랫사람에게 사용하는 표현입니다. 그런데 둘 중에서 심적으로 더 잘됐으면 하는 바람이 들어 있는 것은 무엇일까요? had better입니다. had better는 인간적인 관계(마음)에 중점을 둔 반면, ought to는 사무적인 느낌이 강합니다. 그래서 사적인 대화에는 had better, 사무적인 문서 등에는 ought to를 쓰면 됩니다.

개념 정리 Quiz

1 다음 중 틀린 설명을 고르세요.

① 조동사는 동사를 도와주는 동사다.
② 조동사는 항상 동사의 앞에 쓴다.
③ 조동사는 인칭에 따라 변하지 않는다.
④ 조동사 뒤에는 항상 동명사를 쓴다.

2 조동사가 해결해 주는 일반동사의 부담감 (일반동사 사용에서 자주 틀리는 부분)을 두 가지 쓰세요.

(1) _____
(2) _____

3 다음 중 조동사가 아닌 것은 무엇인가요?

① can   ② let
③ should   ④ might

4 조동사를 쓰고 난 후 문장이 겪는 변화가 아닌 것을 고르세요.

① 문장의 내용이 더 자세해진다.   ② 절이 구로 변한다.
③ 문장의 수준이 높아진다.   ④ 문장의 길이가 길어진다.

5 빈칸에 부등호(<, >)를 넣어서 조동사의 뉘앙스 강도를 비교하세요.

(1) [확률] He may be there.   _____ He might be there.
(2) [충고] You should listen to him.   _____ You ought to listen to him.

6 다음 중 빈칸에 넣었을 때 듣는 이에게 가장 강한 충고 어감을 주는 것은 무엇인가요?

> You _____ go there by taxi.

① can   ② might
③ may   ④ had better

7 주어진 뉘앙스를 더 정확히 표현하는 조동사를 고르세요.

(1) He (may / might) be right.
그가 맞을지도 몰라. [50% 정도의 확률]

(2) You (should / ought to) be quiet.
너는 조용히 해야 돼. [윗사람이 아랫사람에게 하는 말]

(3) You (ought to / had better) start earlier.
너는 좀 더 일찍 시작해야 돼. [사적인 대화에서 자주 쓰는 말]

(4) Johnson (should / had better) save some money.
Johnson은 돈을 좀 모아 둬야 돼. [가벼운 충고나 권고]

(5) My teacher (may / might) give some extra credits.
우리 선생님이 추가 점수를 줄지도 몰라. [추가 점수를 줄 확률이 20% 정도로 매우 낮음]

Practice

A 조동사를 찾아서 밑줄을 치고, 문장을 해석하세요.

1. She might stop by to see you.   *stop by 잠시 들르다
   → _____

2. It is 2 o'clock now. I think we should leave.
   → _____

3. You ought to respond quickly.   *respond 응답하다
   → _____

4. The result may be different from your expectation.   *expectation 기대
   → _____

5. Children and their parents had better use an elevator.
   → _____

B 알맞은 조동사를 이용해 다음을 영어로 옮기세요.

6. 그는 저것이 아니라 이것을 원할지도 모른다. [50%의 확률] (want)
   → _____, not that one.

7. 비가 오기 때문에 우리는 여기에서 기다리는 편이 좋겠다. (wait)
   → _____ because it is raining.

8. 너는 지금 쉬면 안 돼. (take a break)
   → _____ now.

9. 그것이 사실이든 아니든 많은 사람을 놀라게 할지도 모른다. [20%의 확률] (surprise, many)
   → _____ whether or not it is true.

10. 나는 이것을 너에게 보여 주지 않는 편이 좋겠다. (not, show)
    → _____ to you.

have to, must, can, could 제대로 쓰기

앞에서 조동사 may, might, should, ought to, had better의 뉘앙스에 대해 설명했어요. 이번에는 조동사 have to, must, can, could가 갖는 뉘앙스를 자세히 알려드릴게요.

1 have to의 뉘앙스

have to (준조동사)

- **강한 의무:** 꼭[반드시] ~해야 한다

  I **have to** attend the meeting today.
  나는 오늘 그 모임에 꼭 참석해야 한다.

- **어떤 일이 불필요하다고 말할 때:** ~할 필요가 없다

  I **don't have to** attend the meeting today.
  나는 오늘 그 모임에 참석할 필요가 없다.

(1) have to는 강한 의무를 나타냅니다. 그래서 '**꼭[반드시]** ~해야 한다'라고 해석해야 뉘앙스를 잘 살릴 수 있어요.

(2) 뭔가를 할 필요가 없다고 하려면 앞에 **don't**을 넣어서 **don't have to**(~할 필요가 없다)라고 하면 됩니다. 유사한 표현으로 **don't need to**가 있어요.

(3) have to는 should, had better보다 더 강한 충고·의무를 나타냅니다.

다음 세 문장을 비교해 보세요.

❶ You **should** go there.
❷ You **had better** go there.
❸ You **have to** go there.

❶번과 같이 should(~해야 한다)로 충고하면 친구 사이의 가벼운 충고라고 볼 수 있어요.
❷번과 같이 had better(~하는 편이 좋겠다)를 써서 충고하면 '그렇게 하지 않으면 어떡하나' 하는 아쉽고 안타까운 마음이 전달돼요. 그렇게 안 할 경우 후회할 일이 생길 거라는 뉘앙스가 바탕에 깔려 있어요.

❸번과 같이 have to(꼭[반드시] ~해야 한다)를 써서 충고해 줬는데 상대방이 가지 않았다면 말하는 사람은 섭섭함과 서운함을 느낍니다. 또한 안 했기 때문에 **손해**를 볼 거라는 뉘앙스가 바탕에 깔려 있습니다. 이제 세 조동사의 뉘앙스 차이를 잘 알겠죠?

(4) had better, ought to는 윗사람이 아랫사람에게 충고할 때 사용하지만, have to는 서열에 관계없이 사용할 수 있어요. 즉, have to는 윗사람이 아랫사람에게 써도 되고, 아랫사람이 윗사람에게 써도 됩니다.

(5) have to의 과거형은 had to입니다.

② must의 뉘앙스

must (조동사)

- **대단히 강한 의무:** 반드시[무슨 일이 있어도/죽어도] ~해야 한다

  I **must** get up early in the morning.
  나는 무슨 일이 있어도 아침에 일찍 일어나야 한다.

- **금지:** 무슨 일이 있어도 ~해서는 안 된다

  You **must not** sleep late.
  너는 무슨 일이 있어도 늦잠을 자서는 안 된다.

- **확신 90~99%:** ~임에 틀림없다

  He **must be** in the library.
  그는 도서관에 있음에 틀림없다.

  cf.) He is in the library. → 확신(100%)
  그는 도서관에 있다.

(1) must는 조동사 중에서 가장 강한 충고·의무의 뉘앙스를 가지고 있어요. have to가 '반드시 ~해야 한다' 정도의 뉘앙스라면, must는 '무슨 일이 있어도[죽어도] ~해야 한다' 정도의 뉘앙스예요.

(2) must는 금지할 때도 사용합니다. not을 붙여 must not이라고 하면 '무슨 일이 있어도[죽어도] ~해서는 안 된다'라는 뜻으로 강하게 금지하는 표현이 됩니다. 단순하게 Don't do that.이라고 하는 것보다 You must not do that.이라고 하는 것이 훨씬 강한 금지의 표현입니다. 따라서 must not을 너무 자주 사용하면 강한 금지의 뉘앙스 때문에 듣는 사람의 감정이 상할 수도 있으니 주의하세요.

(3) must는 '~임에 틀림없다'라며 확신할 때도 사용해요. 90~99% 정도의 확신이므로 아주 강한 확신을 나타내요. He must be happy.(그는 틀림없이 행복할 거야. 그는 행복한 게 틀림없어.)처럼 90~99% 정도의 확신을 가지고 말할 수 있어요.

(4) must는 have to보다 더 강한 충고를 나타냅니다. 다음 문장을 비교해 보세요.

❶ You **should** go there.
❷ You **had better** go there.
❸ You **have to** go there.
❹ You **must** go there.

❶번처럼 should를 써서 충고하면, 해도 되고 안 해도 된다는 가벼운 뉘앙스예요.
❷번처럼 had better를 써서 충고하면, 안 갈 경우 후회할 일이 생길 거라는 뉘앙스가 깔려 있어요. 따라서 친구가 내 충고를 따르지 않으면 아쉽고 안타까운 감정을 느낄 거예요.
❸번처럼 have to를 써서 충고하면, 안 갈 경우 손해 볼 일이 생길 거라는 뉘앙스가 깔려 있어요. 따라서 친구가 내 충고를 따르지 않으면 섭섭함과 속상함을 느낄 거예요.
❹번처럼 must를 써서 충고하면, 안 갈 경우 후회와 손해가 동시에 일어날 거라는 뉘앙스가 깔려 있어요. 가장 강한 충고를 했음에도 불구하고 친구가 내 말을 듣지 않는다면 다시는 똑같은 충고를 하지 않을 수도 있어요. must는 have to보다 훨씬 강한 뉘앙스라는 점을 명심하세요.

(5) should, have to, must 중에서 어느 것을 많이 쓸까요? must는 너무 강한 충고나 의무를 나타내기 때문에 자주 사용하면 듣는 사람의 감정이 상할 수 있어요. 그래서 일상생활에서는 must보다 should나 have to를 더 많이 사용합니다.

(6) must는 have to처럼 서열에 상관없이 윗사람이나 아랫사람이 모두 사용할 수 있어요. must, have to가 had better, ought to보다 더 강한 어조이기 때문에 주로 윗사람이 사용할 것 같지만, 그렇지 않고 누구나 사용할 수 있다는 점을 잘 알아두세요.

(7) must는 과거형이 따로 없기 때문에 과거의 의미를 나타낼 때는 가장 가까운 뜻인 have to의 과거형인 had to를 사용해요.
I have to go.의 과거형도 I had to go.이고 I must go.의 과거형도 I had to go.이지만, 무엇의 과거형인지는 그다지 중요하지 않기 때문에 크게 신경 쓰지 않고 had to를 must의 과거형으로 사용하면 됩니다.

(8) had to는 과거에 했어야 했는데 하지 못한 것에 대한 아쉬움을 표현할 때도 사용해요.

❶ I **had to** meet Jenny.
나는 Jenny를 만났**어야 했다**.

❷ You **had to** tell me earlier.
너는 나한테 더 일찍 말했**어야 했다**.

❶번의 경우 '만났어야 했는데 아쉽게도 못 만났다'는 의미일 수도 있고, '만나야 했기 때문에 만났다'라는 의미일 수도 있어요. 앞뒤 문맥을 보고 이해하면 됩니다.

(9) 과거에 했어야 했지만 100% 하지 못한 것을 말할 때는 **should**를 씁니다. 〈should have+과거분사〉 형식은 과거에 실행하지 못한 일에 대한 아쉬움이나 후회 등을 나타낼 때 사용해요.

❶ I **should have** met Jenny.   ◯ 100% 못 만났다.
나는 Jenny를 만났**어야 했는데**.

❷ You **should have** told me earlier.   ◯ 100% 더 일찍 말하지 않았다.
네가 나한테 더 일찍 말했**어야 했는데**.

(10) must보다 더 강한 충고나 의무를 나타내는 표현으로 **be to**가 있어요. **be to**는 조동사와 유사한 표현이어서 '준조동사'라고 불리고, 그 사용법을 'be to 용법'이라고 말하기도 합니다. 거부하면 안 되는 명령에 가까운 말투이기 때문에 그다지 자주 사용하지는 않아요. 꼭 필요하다고 느낄 때만 사용하도록 하세요.

❶ You **must** leave now.
너는 **무슨 일이 있어도** 지금 떠나**야 해**.

❷ You **are to** leave now.   ◯ 선택의 여지없이 따라야 하는 명령의 뉘앙스
너는 **기필코** 지금 떠나**야 해**.

③ have got to의 뉘앙스

> **have got to** (준조동사)
>
> - **강한 의무:** 꼭[반드시] ~해야 한다
>
>   I **have got to** attend the meeting today.
>   나는 오늘 그 모임에 꼭 참석해야 한다.
>
>   I **had got to** attend the meeting yesterday.
>   나는 어제 그 모임에 꼭 참석해야 했다.

(1) have to와 have got to는 뜻이 같아요.

> I **have to** go there. 나는 거기에 가야 한다.
> = I **have got to** go there. 나는 거기에 가야 한다.

(2) have got to는 have to와 뜻도 같고 모양도 비슷한데, 왜 have got to라는 표현을 새롭게 만들었을까요? 그 이유는 have가 문장 안에서 자주 반복되기 때문에 반복을 피하기 위해서입니다. have의 쓰임을 살펴볼까요?

> ❶ 일반동사 **have**: ~을 가지고 있다, ~을 먹다
> ❷ 사역동사 **have**: 시키다, ~하게 하다
> ❸ 조동사 **have** to: 꼭[반드시] ~해야 한다
> ❹ 현재완료 **have**+과거분사: ~해 왔다, ~한 적이 있다

이렇게 쓰임이 많다 보니, 말을 하거나 글을 쓰다 보면 have가 자주 반복될 수밖에 없어요. 영어는 반복을 싫어하기 때문에, 반복되는 have를 그냥 둘 리가 없지요. 그래서 영국 영어에서 사용하는 have got을 가져와서 have의 대용으로 사용하게 됐어요. have got은 speaking에서 주로 쓰이는데, 다음과 같이 점차 줄여서 발음하기도 합니다.

I **have to** go there.
→ I **have got to** go there.
→ I**'ve got to** go there.
→ I **got to** go there.
→ I **gotta** go there.

영화를 보다 보면 gotta라는 표현을 많이 듣게 되는데, gotta는 바로 have got to의 줄임말이에요.

(3) have got to, got to, gotta는 주로 speaking에서 쓰이는 비격식적인 표현이므로 writing에서는 사용을 자제하는 것이 좋습니다. have got to는 가벼운 편지나 메모처럼 비격식적인 writing에는 사용할 수 있어요.

(4) have got to의 과거형은 have to의 과거형과 동일하게 had to를 씁니다.

④ can과 could의 뉘앙스 차이

can (조동사)	**could** (조동사)
• 능력·가능성(90%): ~할 수 있다 I **can** type fast. 나는 타자를 빨리 칠 수 있다.	• 과거의 능력: ~할 수 있었다 I **could** type fast. 나는 타자를 빨리 칠 수 있었다.
• 가벼운 허락: ~해도 좋다 You **can** use my computer tomorrow. 너는 내일 내 컴퓨터를 사용해도 좋다.	• 공손한 요구: (제가) ~할 수 있겠습니까? **Could I** borrow your laptop? 제가 당신의 노트북을 빌릴 수 있겠습니까?
• 가벼운 부탁·요구: ~해 줄래요? **Can you** pass me the salt? 제게 소금 좀 건네줄래요?	• 미래에 대한 확신 60~70%: ~할 수 있을 것이다 You **could** get a discount. 너는 할인을 받을 수 있을 거야.
• 추측: ~일 리가 없다 That **cannot be** true. 그것은 사실일 리가 없다.	

(1) can(~할 수 있다)은 '능력'이나 '가능성'의 의미로 가장 많이 사용됩니다. 가능성을 말할 때는 90% 정도의 가능성을 나타내요. 어려운 도전을 앞둔 사람에게 할 수 있냐고 물으면 이렇게 자주 대답하죠.

> I **can** do it. 저는 할 수 있습니다.
> Yes, I **can**. 네, 할 수 있습니다.

이처럼 can은 '최선을 다해 보겠다, 노력해서 할 수 있다'는 의미로도 사용돼요. 100%는 아니지만 90% 정도 해낼 자신이 있을 때 쓰면 돼요. 할 수 있다고는 했지만 기대만큼 하지 못할 수도 있다는 뉘앙스도 담고 있어요.

(2) can은 '~해도 좋다'라고 가볍게 허락할 때도 사용하고, 가벼운 부탁을 할 때 Can you...?(~해 줄래요?)의 형태로도 사용해요.

(3) could는 문맥에 따라 can의 과거형일 수도 있고 미래의 능력이나 확신(60~70%)을 나타낼 수도 있어요. 다음은 could가 can의 과거형으로 사용된 예입니다.

> ❶ Mr. Kim **can** help you. 미스터 김이 (현재) 너를 도울 **수 있다**.
> ❷ Mr. Kim **could** help you. 미스터 김이 (과거에) 너를 도울 **수 있었다**.

개념 정리 Quiz

1 Joy를 만날 확률이 가장 높은 사람을 고르세요.

> Cindy: I have to go to see Joy.
> Harry: I must go to see Joy.
> Kelly: I should go to see Joy.
> Mike: I have got to go to see Joy.

① Cindy   ② Harry   ③ Kelly   ④ Mike

2 빈칸에 부등호(<, >)를 넣어서 조동사의 뉘앙스 강도를 비교하세요.

(1) [충고]   You have to take it.   _____   You must take it.

(2) [의지]   I have got to change.   _____   I must change.

(3) [가능성] You can come with me. _____   You could come with me.

(4) [의무]   I have to return it.   _____   I had better return it.

3 해석과 뉘앙스가 어울리는 조동사를 고르세요.

(1) You (should / have to) choose the red one.
    너는 빨간색을 골라야 해. [그렇지 않으면 손해 봄]

(2) People (must / had better) sleep at least 8 hours a day.
    사람들은 하루에 적어도 8시간은 반드시 자야 해요. [안 하면 후회+손해 모두 발생]

(3) You (had better / have got to) come back in 10 minutes.
    너는 10분 안에 돌아와야 해. [have to의 speaking형태]

Practice

A 조동사를 찾아서 밑줄을 치고, 문장을 해석하세요.

1 You have to distinguish the difference. *distinguish 구분하다, 구별하다
→ _____

2 You don't have to know all of them.
→ _____

3 I must start before it gets too late.
→ _____

4 Anyone can find the big convenient store. *convenient store 편의점
→ _____

5 I had to wake up early this morning.
→ _____

B 알맞은 조동사를 이용해 다음을 영어로 옮기세요.

6 네가 원하면 내가 너를 태워 줄 수 있어. (give you a ride)
→ _____ if you want.

7 우리는 10년 전에 이 강에서 수영을 할 수 있었어. (swim, river)
→ _____ 10 years ago.

8 나는 열이 높아서 약을 먹어야 했다. (take a pill)
→ I had a high fever, so _____.

9 너는 증거가 없다면 그것을 죽어도 말해서는 안 돼. (say)
→ _____ unless you have a proof.

10 나는 발에 아무것도 못 느끼겠어. (발에 아무런 감각이 없어.) (feel a thing)
→ _____ in my foot.

LESSON 30
can-be able to, will-be going to 구분해서 쓰기

can과 유사한 의미인 be able to도 알아 둬야 해요.
미래를 나타내는 조동사인 will과 be going to의 뉘앙스 차이에 대해서도 자세히 알려드릴게요.

1. can과 could의 뉘앙스 차이

(1) could는 문맥에 따라 can의 과거형일 수도 있고 미래의 능력이나 확신(60~70%)을 나타낼 수도 있다고 했어요. 그러면 다음 문장에서 could는 과거를 나타낼까요, 미래를 나타낼까요?

> I **could** try.
>
> [과거] 나는 시도할 수 있었어.
> [미래] 나는 시도할 수 있을 거야. (60~70% 미래의 능력이나 의지)

이것만 봐서는 could가 과거를 나타내는지 미래를 나타내는지 알 수가 없어요. 어느 것으로 쓰였는지 알려면 앞뒤 내용을 더 봐야 합니다.

> ❶ I **could** try because the question **was** not difficult.
> 나는 그 문제가 어렵지 않았기 때문에 시도할 수 있었다. ◯ could가 과거를 나타냄
>
> ❷ Please email me the question **tomorrow**. I **could** try.
> 그 문제를 내일 저한테 이메일로 보내 주세요. 내가 시도해 볼 수도 있어요. ◯ could가 미래를 나타냄

❶번에서는 뒤에 있는 was 때문에 could가 과거를 나타낸다는 것을 알 수 있어요. 반면 ❷번에서는 tomorrow 때문에 could가 미래를 나타낸다는 것을 알 수 있어요.

(2) could가 미래의 능력이나 확신을 나타낼 때 can과 뉘앙스에 차이가 있어요. can이 90% 정도의 확신을 나타낸다면, could는 60~70% 정도의 확신을 나타내요.

> ❶ Mr. Kim **can** help you. 미스터 김이 (앞으로) 너를 도울 수 있다. ◯ 90% 확률
> ❷ Mr. Kim **could** help you. 미스터 김이 (앞으로) 너를 도울 수 있다. ◯ 60~70% 확률

❶번처럼 can을 써서 말하면 Mr. Kim이 도울 수 있는 확률이 90% 정도 된다는 것이고, ❷번처럼 could를 써서 말하면 Mr. Kim이 도울 수 있는 확률이 60~70% 정도 된다는 거예요. 듣는 사람 입장에서 어느 쪽이 더 든든할까요? ❶번처럼 can을 써서 90%로 말한 것이 더 든든하겠지요.

그러면 Mr. Kim 입장에서는 어느 쪽이 부담이 덜할까요? ❶번은 90% 정도의 강한 확신을 갖고 말하기 때문에 도와줘야 하는 Mr. Kim 입장에서는 부담을 느낄 수 있어요. 제대로 못 도와줄 수도 있기 때문에 ❷번처럼 could를 써서 60~70%로 낮춰서 말하는 것이 덜 부담스럽겠죠. 따라서 심리적인 부담감과 책임감을 줄여 주기 위해서 could를 사용한 ❷번이 Mr. Kim 입장을 더 배려한 공손한 표현이라고 할 수 있어요. 그래서 could가 can보다 더 공손한 표현이라고 하는 거예요.

(3) 부탁을 할 때는 Can you...?와 Could you...? 중에서 어느 것이 더 공손한 표현일까요? Can you...?는 도와줄 확률을 90% 정도로 보고 묻는 것이고, Could you...?는 도와줄 확률을 60~70% 정도로 보고 묻는 것이므로, 듣는 사람 입장에서는 Could you...?가 덜 부담스럽겠지요. 그래서 Could you...?가 더 공손한 표현입니다. 일반적으로 부탁할 때는 Can you...?를 주로 사용하고, 공손하게 부탁할 때는 Could you...?를 사용하도록 하세요.

❶ **Can you** help me? 저 좀 도와줄래요?   ○ 일반적인 부탁
❷ **Could you** help me? 저 좀 도와주시겠어요?   ○ 공손한 부탁

② can과 be able to의 뉘앙스 차이

be able to (준조동사)

- 100% 실제적인 능력이나 가능성: ~할 수 있다

  I **am able to** help you. 나는 너를 도와줄 수 있다.
  I **will be able to** help you. 나는 너를 도와줄 수 있을 것이다.
  I **was able to** help you. 나는 너를 도와줄 수 있었다.

(1) can과 be able to를 우리말로 해석하면 '~할 수 있다'로 같지만 사실은 뉘앙스가 다릅니다. can은 최선을 다해 보겠다는 '노력'을 나타내는 반면, be able to는 100% 할 수 있다는 '**약속**'을 나타내요. 즉, be able to는 전문가 수준으로 확실히 해낼 수 있는 실제적이고 구체적인 능력을 나타내요.

(2) 어떤 일에 전문가라고 말할 때는 어느 표현이 더 어울릴까요?

> ❶ I **am able to** do that.
> 나는 그것을 할 수 있다. (나는 그것을 확실히 해결할 수 있다.)
>
> ❷ I **can** do that.
> 나는 그것을 할 수 있다. (최대한 노력하겠다.)

can은 90% 정도의 능력을 나타내지만, be able to는 100%에 가까운 능력이나 가능성, 거의 확실히 해결할 수 있는 전문가 수준의 실제적인 능력을 나타냅니다. 따라서 can을 사용한 ❷번은 be able to를 사용한 ❶번보다 겸손한 말투라고 할 수 있어요.

어떤 사람을 전문가라고 소개할 때는 can보다 be able to를 써서 He/She **is able to** do that.이라고 말해야 더 믿음을 줄 수 있겠죠.

(3) 어느 것이 상대방에게 부담을 덜 줄까요?

> ❶ **Are** you **able to** do that? 너는 그것을 (100% 확실히) 할 수 있어?
> ❷ **Can** you do that? 너는 그것을 (최선을 다해) 할 수 있어?

❶번처럼 물으면 거의 100% 해결할 수 있는 전문가 수준의 구체적인 능력이 있는지 묻는 것이므로 상대방이 부담을 가질 거예요. 상대방의 부담감을 낮춰 주려면 ❷번처럼 물어보세요.
Are you able to do that?이라고 상대방이 물었을 때 Yes.라고 대답해 놓고 해내지 못하면 거짓말을 한 것이 돼요. 그 정도로 be able to는 확실한 능력을 나타내는 말이에요.
Can you do that?이라고 상대방이 물었을 때 Yes.라고 대답해 놓고 해내지 못했을 경우 노력은 했지만 못한 것으로 생각돼요. can은 할 수 있다고 약속하는 것이 아니라 노력해 보겠다는 다짐이나 의지가 담긴 말이기 때문이에요.

(4) can과 be able to 중 어느 것을 더 많이 쓸까요?
일상생활에서 자신의 능력을 표현할 때 be able to를 너무 자주 사용하면 자신을 과시하는 것처럼 보일 수 있으므로 주의해야 해요. 취업 면접처럼 자신의 능력을 믿어 달라고 강조해서 말할 때는 be able to를 쓰는 것이 좋겠지요.

③ will과 be going to의 뉘앙스 차이

will과 be going to는 둘 다 미래의 계획을 나타내지만 뉘앙스가 달라요. 다시 말해, will은 단순한 미래를 나타내고, be going to는 계획된 미래를 나타내요.

will (조동사)	be going to (준조동사)
• 단순미래, 의지, 불확실한 미래의 계획: ～할 것이다, ～하려고 한다 I **will** see the movie with my friend. 나는 (별일 없으면) 친구와 영화를 볼 것이다.	• 확실한 미래의 계획: ～할 예정이다 I **am going to** see the movie with my friend. 나는 친구와 영화를 볼 예정이다. ○ 이미 계획됨 I **was going to** see the movie with my friend. 나는 친구와 영화를 볼 예정이었다. ○ 전에 이미 계획됨

주말에 뭐 할 거냐고 물었는데 상대방이 I will see the movie with my friend.라고 대답하면, 이것은 즉흥적으로 생각해서 말한 거예요. 한편 I am going to see the movie with my friend.라고 대답하면, 이것은 미리 계획된 것을 말한 거예요. 이게 will과 be going to의 차이예요.

(1) 어느 쪽이 놀자고 설득하기 쉬울까요?

❶ I **will** do my homework. 나는 숙제를 할 거야. ○ 단순미래
❷ I **am going to** do my homework. 나는 숙제를 할 거야. ○ 계획된 미래

will을 사용한 ❶번은 단순미래로 상황에 따라 바뀔 수 있지만, ❷번은 숙제하려고 미리 계획해 놓은 것이기 때문에 놀자고 설득하기 어려워요.

(2) 누구에게서 전화 올 확률이 높을까요?

❶ Sara **is going to** call. 사라가 전화할 거야.
❷ Jamie **will** call. 제이미가 전화할 거야.

Sara는 전화를 하겠다고 미리 계획한 상태이므로 Sara에게서 전화가 올 확률이 높아요.

(3) 전화를 기다리던 사람은 누구일까요?

> ❶ I **will** get it. 내가 받을게.
>
> ❷ I **am going to** get it. 내가 받을게.

❶번은 전화가 울리자 즉흥적으로 받겠다고 말하는 것이고, ❷번은 기다리던 전화가 와서 받겠다는 의미예요.

(4) What are you going to do tonight?(오늘밤에 뭐 할 거야?)이라고 물어오면 두 가지로 답할 수 있습니다. 각각의 뉘앙스가 어떻게 다를까요?

> ❶ I **will** go to the pool with my roommate.
> 내 룸메이트랑 수영장에 갈 거야.
>
> ❷ I **am going to** go to the pool with my roommate.
> 내 룸메이트랑 수영장에 갈 거야.

❶번처럼 will을 써서 말하면 즉흥적인 대답이거나 가벼운 계획을 나타내므로 더 좋은 일이나 더 급한 일이 생기면 바뀔 수 있다는 뉘앙스예요. 따라서 상대방이 다른 것을 하자고 설득을 시도할 수 있어요. 하지만 ❷번처럼 말하면 이미 수영장에 가겠다고 미리 계획을 세워둔 것이기 때문에 상대방은 다른 것을 하자고 설득하기 어렵다고 생각하고 포기할 수 있어요. 이제 **will**과 **be going to**의 차이를 잘 알겠죠?

개념 정리 Quiz

1   could에 대한 설명으로 틀린 것을 고르세요.

① can의 과거형이다.
② 미래의 가능성을 나타낼 수 있다.
③ I could try next time.에서 could는 과거를 나타낸다.
④ can보다 공손한 표현이다.

2   다음 중 could의 시제가 다른 하나를 고르세요.

① I could meet him yesterday.
② I could get a ticket an hour ago.
③ I could do it last week.
④ I could help you tomorrow.

3   다음 문장의 빈칸에 넣을 조동사로 어감이 가장 강한 것은 무엇인가요?

> There is no exception. Everybody _____ do it.

① could   ② has to
③ must   ④ can

4   다음 중 be able to가 부적절하게 사용된 것을 고르세요.

① 내가 전문가 수준으로 실제로 할 수 있다고 할 때 – I am able to do that.
② 내가 전문가임을 겸손하게 말할 때 – I am not able to do that.
③ 누군가의 능력을 치켜세워서 소개할 때 – He/She is able to do that.
④ 상대방의 실제적인 능력을 물어볼 때 – Are you able to do that?

5   다음 중 어감 상 가장 잘 해낼 것 같은 사람은 누구인가요?

① Sam can do it.   ② Susan may do it.
③ Jack is able to do it.   ④ Kathy could do it.

* exception 예외

6 다음 중 조동사가 상황에 맞지 않게 사용된 것을 고르세요.

① 확실한 계획을 이야기할 때 – John is going to call you.
② 전화벨이 갑자기 울릴 때 – I am going to get it.
③ 비가 확실히 올 것 같을 때 – It's going to rain.
④ 단순하고 즉흥적인 계획을 이야기할 때 – I will watch TV.

7 다음 중 이사 갈 확률이 가장 높은 사람은 누구인가요?

① Mary will move out.
② David is going to move out.
③ Laura would move out.
④ Tony wants to move out.

8 내용과 뉘앙스가 더 어울리는 조동사를 고르세요.

(1) I (can / could) return it around 6 p.m.
나는 오후 6시쯤에 그것을 돌려줄 수 있을 거야. [확률 70% 정도]

(2) I (will / am going to) add this course.
나는 이 강의를 추가할 거야. [변동 가능성이 있음]

(3) I (will / am going to) apply for a passport.
나는 여권을 신청할 거야. [변동 가능성이 거의 없음]

(4) I (can / am able to) do it.
저는 그걸 할 수 있어요. [노력해서 할 수 있음]

(5) We (can / could) try the dish because it was not that spicy.
요리가 그다지 맵지 않아서 우리는 그것을 먹어 볼 수 있었어요.

(6) I (can / am able to) do it.
저는 그걸 할 수 있어요. [100%에 가깝게 실제로 할 수 있음]

* apply for 신청하다 spicy 매운

Practice

A 조동사를 찾아서 밑줄을 치고, 문장을 해석하세요.

1 I can explain everything to you.
→ _____

2 I am able to lift 20 kilograms with one hand.
→ _____

3 You could stay here for a few hours if you want.
→ _____

4 I am going to see him after I meet you at noon.
→ _____

5 They will promote their new products.   * promote 홍보하다
→ _____

B 알맞은 조동사를 이용해 다음을 영어로 옮기세요.

6 곧 전화할게. [즉흥적인 말] (call, you)
→ _____ soon.

7 그가 사람들 마음을 읽을 수 있어? [90% 정도의 능력] (read)
→ _____ people's mind?

8 나는 젊었을 때 (전문가처럼) 매일 등산을 갈 수 있었다. (go hiking)
→ _____ when I was young.

9 그녀는 그녀의 팔 위에 있는 흉터를 없앨 계획이다. (get rid of, scar)
→ _____ on her arm.

10 나는 같은 것을 말하려 했었다. (say)
→ _____ the same thing.

LESSON 31

will, would, used to 뉘앙스 몰라?

조동사 will과 would의 미묘한 뉘앙스 차이를 알아보고,
'과거에 ~하곤 했다'라는 뜻으로 쓰이는 would와 used to의 차이도 알아봐요.

1. will과 would의 뉘앙스 차이

will (조동사)	**would** (조동사)
• **단순미래:** ~할 것이다 I **will** open it. 나는 그것을 열 것이다. • **확신 90%:** ~할 것이다 She **will** be here at 2. 그녀는 2시에 여기에 올 것이다. cf.) She **is going to** be here at 2. 그녀는 2시에 여기에 올 예정이다. (거의 100%에 가까운 확신) • **요구:** ~해 줄래요? **Will you** please call me? 저에게 전화 좀 해 줄래요?	• **확신 60~70%:** ~할 것이다 He **would** do that for you. 그는 너를 위해서 그것을 할 것이다. • **공손한 요구:** ~해 주시겠습니까? **Would you** please answer the question? 그 질문에 대답 좀 해 주시겠습니까? • **would rather:** 차라리 ~하겠다 I **would rather** watch a movie than read a book. 나는 책을 읽느니 차라리 영화를 보겠다.

(1) will과 would는 해석은 같지만 뉘앙스가 달라요. 다시 말해, 의지·확신의 정도가 달라요. will은 90% 정도 확신할 때 사용한다면, would는 60~70% 정도 확신할 때 사용해요.

(2) 내가 여러분을 누군가에게 소개해줄 때 어느 쪽으로 말하는 것이 여러분에게 덜 부담될까요?

❶ He/She **will** help you. ➡ 도와줄 의지가 90%
❷ He/She **would** help you. ➡ 도와줄 의지가 60~70%

will을 사용해서 소개한 ❶번은 도와줄 사람의 의지가 90%나 된다는 의미예요. would를 사용해서 소개한 ❷번은 도와줄 사람의 의지가 60~70% 정도라는 의미예요. 따라서 도움을 줄 여러분의 입장에서는 ❶번은 너무 부담이 될 거예요. 여러분에게 덜 부담스럽게 말하려면 ❷번처럼 말하는 것이 좋아요. 그래서 would를 '공손·배려'의 표현이라고 하는 거예요.

그럼 반대로 도움을 받는 입장에서는 어느 쪽이 더 믿음이 가고 도움에 대한 기대감이 클까요? 더 확실하게 90%로 얘기한 ❶번이 더 믿음이 가겠지요.

(3) 어떻게 물어보는 게 상대방이 덜 부담스러울까요?

❶ **Would you** do this? ○ 해 줄 확률을 60~70%로 보고 묻는 질문
　이것 좀 해 주시겠어요?

❷ **Will you** do this? ○ 해 줄 확률을 90%로 보고 묻는 질문
　이것 좀 해 줄래요?

❶번처럼 Would you...?로 물으면, 해 줄 확률이 60~70%이고 거절할 확률이 30~40% 정도라고 감안하고 물어보는 것이므로 부담 갖지 말라는 의미가 담겨 있어요.

❷번처럼 Will you...?로 물으면, 거절할 확률이 10% 정도밖에 안 된다고 보는 것이므로 상대방이 꼭 해 줄 거라고 강하게 믿는다는 의미가 담겨 있어요. 따라서 듣는 상대방은 부담을 느끼겠지요. 그래서 '~해 줄래요?' 하고 요구할 때는 Will you...?보다 Would you...?가 더 공손한 표현이라고 하는 거예요.

(4) 어느 쪽을 더 많이 쓸까요?

❶ **Would you** give me that? ○ 줄 확률을 60~70% 정도로 보고 묻는 질문
❷ **Will you** give me that? ○ 줄 확률을 90% 정도로 보고 묻는 질문

❶번은 상대방이 나에게 그것을 줄 확률을 60~70% 정도로 낮춰서 묻는 말이고, ❷번은 상대방이 나에게 그것을 줄 확률을 90% 정도로 강하게 믿고 묻는 말이에요. ❶번처럼 would로 물어보면 상대방이 심리적인 부담을 덜 느끼므로 더 공손한 요청 표현이 되는 거예요. 따라서 낯선 사람, 처음 만나는 사람, 또는 격식을 갖춰야 하는 경우에는 부담을 주지 않는 would로 물어보고, 친해진 다음에는 will을 사용하는 것이 자연스럽습니다.

(5) would가 들어간 숙어인 would rather는 '차라리 ~하겠다'라는 뜻으로 아주 많이 쓰이는 숙어이니 꼭 기억해 두세요.

- **would rather:** 차라리 ~하겠다

  I **would rather** wait than leave now.

  나는 지금 떠나느니 차라리 기다리겠다.

② would와 used to의 뉘앙스 차이

would (조동사)	used to (준조동사)
• 과거에 어느 정도 규칙적으로 했던 행동: ~하곤 했다 I **would** go to the bar to release my stress. 나는 스트레스를 풀기 위해서 그 바에 가곤 했다.	• 과거에 대단히 규칙적으로 했던 행동: ~하곤 했다 When I was a college student, I **used to** go to the bar every weekend. 나는 대학생이었을 때 주말마다 그 바에 가곤 했다.

(1) would는 앞에서 배운 뜻 외에 '~하곤 했다'라는 의미가 있어요. 그런데 used to도 '~하곤 했다'라는 의미가 있어요. 둘 사이에 어떤 뉘앙스 차이가 있을까요?

would로 말하면 비교적 짧은 기간 동안 **불규칙적**으로 반복된 행동이었다고 볼 수 있어요. 한편 used to로 말하면 습관적인 행동이었다고 볼 수 있으며, would보다 더 긴 기간에 걸쳐 **규칙적**으로 반복된 행동을 나타내요.

(2) would와 used to 중 어느 것이 어울릴까요?

제가 대학시절을 보낸 미국의 위스콘신은 무척 추운 지역이었어요. 저는 추위로 인한 스트레스를 풀기 위해 겨울에 종종(두세 번 정도) 바에 가서 술을 마시곤 했어요. 이것을 영어로 표현하려면 어느 쪽이 더 어울릴까요?

❶ When I was a college student, I **would** go to the bar to release my stress.

나는 대학생이었을 때 스트레스를 풀기 위해 그 바에 가곤 했다.

❷ When I was a college student, I **used to** go to the bar to release my stress.

나는 대학생이었을 때 스트레스를 풀기 위해 그 바에 가곤 했다.

겨울에만 종종 있었던 일이므로 ❶번이 어울려요. 제가 만약에 1년 내내 주말마다 바에 가서 술을 마셨다면 ❷번처럼 used to를 써서 말해야겠지요.

(3) 어느 쪽이 과거에 더 오랫동안 선생님이었을까요?

> ❶ I **would** be a teacher. 나는 (예전에 잠깐) 교사였다.
> ❷ I **used to** be a teacher. 나는 (예전에 한동안) 교사였다.

would를 쓴 ❶번은 짧은 기간 동안 교사로 일했다는 것을 의미해요. used to를 쓴 ❷번은 장기간 반복적으로 교사로 일했다는 것을 의미하므로 교사가 정규 직업이었을 가능성이 높아요.

(4) 어느 쪽이 더 실력이 있을까요?

> ❶ He **would** fix the car. 그는 (예전에 잠깐) 차를 고쳤었다.
> ❷ He **used to** fix the car. 그는 (예전에 한동안) 차를 고쳤었다.

would를 쓴 ❶번은 짧은 기간 동안 가끔 자동차를 수리했다는 것을 의미해요. used to를 쓴 ❷번은 장기간 반복적으로 자동차를 수리했다는 것을 의미하므로 정규 직업이었을 가능성이 높아요. 따라서 ❷번이 더 실력이 있겠지요.

(5) 어느 쪽이 미련이 더 남아 있을까요?

> ❶ I **would** think about you. 나는 (예전에 잠깐) 네 생각을 했었어.
> ❷ I **used to** think about you. 나는 (예전에 한동안) 네 생각을 했었어.

would를 쓴 ❶번은 짧은 기간 동안 불규칙적으로 생각했다는 것을 의미해요. used to를 쓴 ❷번은 장기간 동안 반복적으로 생각했다는 것을 의미해요. 따라서 ❷번이 더 오래, 그리고 자주 생각한 만큼 미련이 더 많이 남아 있다고 볼 수 있어요.

③ be supposed to와 be to의 뉘앙스 차이

> **be supposed to (준조동사)**
>
> • **가벼운 기대나 추측:** ~할 것이 기대[추측]되다, ~하기로 되어 있다
>
> **You are not supposed to sit there.**
> 당신은 거기에 앉지 않으리라 기대된다. (당신은 거기에 앉지 않도록 되어 있다.)
>
> **You were not supposed to talk loudly.**
> 당신은 시끄럽게 이야기하지 않을 것으로 기대되었다. (당신은 시끄럽게 이야기하지 않도록 되어 있었다.)

(1) be supposed to는 뜻만 외워서는 제대로 쓰기 어려운 표현 중 하나입니다. 이 표현을 쓰는 상황을 잘 이해할 수 있도록 에피소드를 하나 들려 드릴게요.

미국에 허스트 캐슬(Hearst Castle)이라는 관광지를 방문했을 때의 일이에요. 제가 가이드의 설명을 듣다가 옆에 있는 기둥에 잠깐 몸을 기댔는데, 이를 본 가이드가 You are not supposed to lean it.이라고 말했어요. 저는 그때 처음으로 be supposed to라는 말을 들었기 때문에 "그것에 기대지 마세요."라고만 이해했는데, 차츰 시간이 지나면서 왜 don't lean을 쓰지 않고 are not supposed to lean을 썼는지 알게 됐어요.

만약 가이드가 자신의 입장에서 제가 기둥에 기댄 것이 마음에 들지 않았다면 You don't lean it. 또는 You can't lean it.이라고 했을 거예요. 그러나 가이드는 '가이드 본인과는 상관없지만 다른 여러 사람이 생각하기에 제가 거기에 몸을 기대지 않으리라 여겨지고 있다'라고 말하고 싶었던 거예요. 그래서 be supposed to를 사용해서 다른 사람의 생각을 대변해 준 것이죠. 저의 기분을 상하지 않게 하려고 완곡하게 말을 돌려서 부드러운 분위기로 전달하고자 했던 거예요.

하지만 You don't lean it. 또는 You can't lean it.보다 You are not supposed to lean it.이라고 말하는 것이 듣는 사람에게는 더 부담이 될 수 있어요. 왜냐하면 한 사람이 그렇게 생각하는 것이 아니라 주변의 여러 사람들이 그렇게 생각하고 있다는 뜻이기 때문이에요.

(2) 어느 쪽이 상대방의 기분을 상하지 않게 말하는 방법일까요?

> ❶ **Don't do that!** 그거 하지 매
>
> ❷ **You are not supposed to do that.** 너는 그것을 하지 않을 것으로 (여러 사람으로 부터) 기대된다.

❶번처럼 직접적으로 명령하기보다는 ❷번처럼 다른 사람의 입장이나 생각을 대변하면서 완곡하게 말하는 것이 서로의 감정을 다치지 않고 부드럽게 표현하는 방법이에요.

be to (준조동사)

- **대단히 강한 기대:** ~할 것이 강하게 기대[추측]되다, ~하기로 되어 있다

  You are to attend the meeting today.
  당신은 오늘 그 모임에 참석할 거라고 강하게 기대된다. (당신은 오늘 그 모임에 참석하도록 되어 있다.)

  You were to attend the meeting yesterday.
  당신은 어제 그 모임에 참석할 거라고 강하게 기대되었다. (당신은 어제 그 모임에 참석하도록 되어 있었다.)

(3) be supposed to가 '가볍게 기대[추측]되다'라면, be to는 '대단히 강하게 기대[추측]되다'라는 뜻이에요. be supposed to는 상당히 자주 쓰이는 표현인 반면, be to는 어감이 너무 강하다 보니 사용 빈도수가 낮아요. be to는 특히 계약서 같이 꼭 지켜야 하는 법적인 문서에서 자주 사용돼요.

(4) 어느 쪽이 모임에 참석해야 하는 부담감이 클까요?

❶ **I am supposed to** attend the meeting because my boss **asked** me.
상사가 내게 요청했기 때문에 나는 그 모임에 참석하도록 기대된다.

❷ **I am to** attend the meeting because my boss **ordered** me.
상사가 내게 명령했기 때문에 나는 그 모임에 참석하도록 강하게 기대된다.

be supposed to를 사용한 ❶번이 요청 수준이라면, be to를 사용한 ❷번은 거부할 수 없는 명령 수준입니다. 그래서 be to는 must보다 더 강한 느낌을 줍니다. must도 강한 어감 때문에 사용 빈도수가 낮은데, 이보다 강한 어감인 be to는 사용 빈도수가 얼마나 낮을지 짐작이 되죠?

(5) 선생님이 이렇게 말했다면 우리는 어떻게 해야 할까요?

You are to stay and study. 너희들은 남아서 공부하도록 강하게 기대된다.

be to는 거부해서는 안 되는 명령조의 말이므로, 선생님이 이렇게 말했다면 가라는 명령이 떨어지기 전에는 공부를 끝내더라도 갈 수가 없다는 의미를 나타내요.

④ shall의 뉘앙스

> **shall** (조동사)
>
> - **I나 we를 주어로 하여 상대방의 의견을 공손하게 물어볼 때:** (제가/우리가) ~할까요?
>
>   **Shall I** close the door? 제가 그 문을 닫을까요?
>
>   **Shall I** get you some hot water? 제가 뜨거운 물 좀 갖다 드릴까요?
>
>   **Shall we** walk for a moment? 우리 잠깐 걸을까요?
>
>   **Shall we** dance? 우리 춤출까요?

(1) shall은 함께 쓰는 주어가 정해져 있어요. 보통 I나 we와 함께 쓰여서 Shall I...?(제가 ~할까요?), Shall we...?(우리가 ~할까요?)처럼 어떤 제안을 하면서 상대방의 의견을 물을 때 사용해요.

(2) shall은 사라지고 있는 말이에요. 최근에는 shall을 많이 사용하지 않고, 대신 can이나 will을 쓰는 경향이 강해요. 만약 shall을 사용한다면 강조한 표현이면서 동시에 <u>정중한 표현</u>이 돼요.

> ❶ **Shall we** dance? 우리 춤출까요?
>   = **Can we** dance? 우리 춤출까요?
>
> ❷ **Shall I** go? 제가 갈까요?
>   = **Can I** go? 제가 가도 될까요?
>
> ❸ **Shall I** start now? 이제 제가 시작할까요?
>   = **Can I** start now? 이제 제가 시작해도 될까요?

개념 정리 Quiz

- 내용과 뉘앙스가 어울리는 것을 고르세요.

    (1) She (will / would) be here after 30 minutes.
    그녀는 30분 후에 여기에 올 것이다. [60~70%의 확신]

    (2) She (will / would) be here after 30 minutes.
    그녀는 여기에 30분 후에 올 것이다. [90%의 확신]

    (3) (Will / Would) you move to the left?
    왼쪽으로 좀 가 줄래? [친한 사이]

    (4) (Will / Would) you move to the left?
    왼쪽으로 좀 가 주시겠어요? [잘 모르는 사이, 공손]

    (5) I (would / would rather) watch a movie than stay at home.
    나는 집에 있느니 차라리 영화를 보겠다.

    (6) He (would / used to) take a yoga class.
    그는 요가를 (짧은 기간 동안 불규칙적으로) 배우곤 했다.

    (7) He (would / used to) take a yoga class.
    그는 요가를 (오랜 기간 동안 규칙적으로) 배우곤 했다.

    (8) You (were to / were supposed to) send me a message by 2.
    너는 2시까지 내게 메시지를 보내기로 했잖아.

    (9) You (are to / are supposed to) meet the man tomorrow.
    당신은 내일 그 남자를 반드시 만나야 해요.

    (10) (Will / Shall) I start first?
    제가 먼저 시작할까요? [공손]

    (11) (Will / Would) you speak a little slowly?
    조금만 천천히 말씀해 주시겠어요? [공손한 요청]

    (12) (Can / Will) I open the window for you?
    제가 창문을 열어도 될까요?

    (13) I (would / used to) be his private tutor.
    나는 한때 (장기간 규칙적으로) 그의 개인 과외 선생님이었다.

Practice

A 조동사를 찾아서 밑줄을 치고, 문장을 해석하세요.

1. I used to take a walk with my dog.
   → _____

2. He would go camping with his friends.
   → _____

3. You are supposed to return it before the due date. *due date 마감일
   → _____

4. We are to keep silent until the teacher lets us talk. *silent 조용한
   → _____

5. There used to be a big traditional market here. *traditional 전통의
   → _____

B 조동사를 이용해 다음을 영어로 옮기세요.

6. 나는 그 장소에 5시까지 도착하기로 돼 있다. (arrive)
   → _____ at the place by 5.

7. 그는 (예전에 잠깐) 여기에 걸어서 오곤 했다. (come)
   → _____ on foot.

8. 너는 그 메시지를 받자마자 바로 답장을 해야 한다. [명령 수준의 아주 강한 어조] (reply)
   → _____ as soon as you get the message.

9. 그녀는 한때 (예전에 한동안) 디자이너로 일했었다. (work)
   → _____ as a designer.

10. 나는 야채주스를 마시느니 차라리 물을 마실래. (drink)
    → _____ than drink vegetable juice.

Study More

글 속에서 조동사 확인하기

조동사는 글의 수준을 높이는 데 중요한 역할을 합니다. 조동사를 쓰기 전과 쓰고 난 후에 글의 변화를 비교해 보세요. 아래의 단어 TIPS을 참고하셔서 차분하게 읽으시면 금방 해석이 됩니다.

Before
▼

The experimenters give false information to the man. The false information scares him and it generates unrealistic imaginations in his mind. The images are unreal, but the man actually sees and feels them. The man stays in the room for three hours. He sits in the chair. He faces to the wall. He eats the sandwich on the desk if he wants to eat (in fact, no one ate it). Within 20 minutes, he reports a dark hand on the wall. He again feels the movement of objects. He pushes the button when he wants to stop. Most people push the button in less than an hour. People see what the experimenters said before. Women in the same experiment report a ghost behind them. Women see more hallucinating images.

According to this experiment, people prejudge things about unknown situations. This prejudgment then controls our mind. We are careful when we tell things to other people. If you give him/her false information, the information leads them. We say nothing when we are not sure. A skillful psychiatrist plants images in our mind and controls us.

실험자들은 그 남자에게 잘못된 정보를 준다. 그 잘못된 정보는 그를 겁먹게 하고, 그리고 그것은 그의 마음속에 비현실적인 상상을 만들어 낸다. 그 이미지들은 비현실적이지만, 그 남자는 그것들을 실제로 보고 느낀다. 그 남자는 방 안에 3시간 동안 머문다. 그는 의자에 앉는다. 그는 벽을 향해 있다. 그는 먹고 싶다면 책상 위에 있는 샌드위치를 먹는다(사실, 아무도 그것을 먹지 않았다). 20분 내에 그는 벽에 검은 손이 있다고 보고한다. 그는 또 물체들의 움직임을 느낀다. 그는 멈추고 싶을 때 버튼을 누른다. 대부분의 사람들은 한 시간도 안 돼서 그 버튼을 누른다. 사람들은 실험자들이 (실험) 전에 말한 것을 본다. 같은 실험에 참가한 여자들은 그들 뒤에 유령이 있다고 보고한다. 여자들이 더 환영적인 이미지들을 본다.

이 실험에 따르면, 사람들은 알려지지 않은 상황에 대한 것들을 속단한다고 한다. 그러면 이 속단은 우리의 마음을 조종한다. 우리는 다른 사람들에게 어떤 것들을 말할 때 조심한다. 만일 당신이 그나 그녀에게 잘못된 정보를 준다면 그 정보는 그들을 유도한다. 우리는 확실하지 않을 때는 아무 말도 하지 않는다. 능숙한 정신과 의사는 우리의 마음속에 이미지들을 심어 놓고 우리를 조종한다.

단어 TIPS : scare 겁주다 generate 만들어 내다 unrealistic 비현실적인 face 바라보다 hallucinating 환영적인 prejudge 속단하다 unknown 알려지지 않은 prejudgment 속단 lead 이끌다 skillful 능숙한 psychiatrist 정신과 의사

After

The experimenters **should** give false information to the man. The false information **will** scare him and it **can** generate unrealistic imaginations in his mind. The images **must** be unreal, but the man **would** actually see and feel them. The man **is supposed to** stay in the room for three hours. He **is to** sit in the chair. He **has to** face to the wall. He **could** eat the sandwich on the desk if he wants to eat (in fact, no one ate it). Within 20 minutes, he reports a dark hand on the wall. He again feels the movement of objects. He **can** push the button when he wants to stop. Most people push the button in less than an hour. People see what the experimenters said before. Women in the same experiment **used to** report a ghost behind them. Women see more hallucinating images.

According to this experiment, people prejudge things about unknown situations. This prejudgment then controls our mind. We **should** be careful when we tell things to other people. If you give him/her false information, the information **is going to** lead them. We **had better** say nothing when we are not sure. A skillful psychiatrist **is able to** plant images in our mind and control us.

실험자들은 그 남자에게 잘못된 정보를 줘**야 한다**. 그 잘못된 정보는 그를 겁먹게 할 **것이고**, 그리고 그것은 그의 마음속에 비현실적인 상상을 만들어 낼 **수 있다**. 그 이미지들은 **틀림없이** 비현실적이지만, 그 남자는 그것들을 실제로 보고 느낄 **것이다**. 그 남자는 방 안에 3시간 동안 머물**도록 돼 있다**. 그는 **꼭** 의자에 앉**도록 돼 있다**. 그는 벽을 향해 있어**야만 한다**. 그는 먹고 싶다면 책상 위에 있는 샌드위치를 먹을 **수 있다**(사실, 아무도 그것을 먹지 않았다). 20분 내에 그는 벽에 검은 손이 있다고 보고한다. 그는 또 물체들의 움직임을 느낀다. 그는 멈추고 싶을 때 버튼을 누를 **수 있다**. 대부분의 사람들은 한 시간도 안 돼서 그 버튼을 누른다. 사람들은 실험자들이 (실험) 전에 말한 것을 본다. 같은 실험에 참가한 여자들은 그들 뒤에 유령이 있다고 보고하**곤 했다**. 여자들이 더 환영적인 이미지들을 본다.

이 실험에 따르면, 사람들은 알려지지 않은 상황에 대한 것들을 속단한다고 한다. 그러면 이 속단은 우리의 마음을 조종한다. 우리는 다른 사람들에게 어떤 것들을 말할 때 조심해**야 한다**. 만일 당신이 그나 그녀에게 잘못된 정보를 준다면 그 정보는 그들을 유도하게 **될 것이다**. 우리는 확실하지 않을 때는 아무 말도 하지 않**는 편이 좋다**. 능숙한 정신과 의사는 우리의 마음속에 이미지들을 심어 놓고 우리를 조종**할 수 있다**.

* Abundance Effect: 특정 문법을 집중적으로 많이 보여 주는 학습 방법이다. 여기에서는 조동사를 집중적으로 보여줌으로써 학습자가 조동사의 종류와 사용 위치를 자연스럽게 익힐 수 있도록 했다. 《한국에서 유일한 기초 영문법》은 Abundance Effect를 자주 사용하고 있다.

LESSON 32 조동사 현장 감각 높이기

지금까지 배운 주요 조동사들을 복습해 봐요. 상황에 맞는 조동사를 끼워 넣는 연습을 하면서 각 조동사가 가진 뉘앙스에 대한 감각을 높여 보세요.

1 조동사 끼워 넣기 ①

영어의 가장 이상적인 단어 배열(SVO)에 맞춘 문장입니다. 이 문장에 여러 조동사를 넣으면서 다양한 문장을 쓰는 데 조동사가 얼마나 도움이 되는지 확인해 봐요.

I make an appointment / on weekend. 나는 주말에 예약을 한다.
명사 동사 명사 전치사 명사

※ 학습 편의상 명사 대신 쓰는 대명사도 명사라고 표기했습니다.

(1) 무슨 일이 있어도 반드시 예약을 해야 하는 상황일 때

I make an appointment on weekend.
→ I **must** make an appointment on weekend.
나는 무슨 일이 있어도 주말에 예약을 해야 한다.

죽어도[무슨 일이 있어도/반드시] 해야 하는 일을 말할 때는 조동사 must를 쓰면 그 어감을 전달할 수 있어요.

(2) 1주일 전부터 예약을 하려고 계획하고 있을 때

I make an appointment on weekend.
→ I **am going to** make an appointment on weekend.
나는 주말에 예약을 할 예정이다.

미리 계획했던 일에 대해 '~할 거야, ~할 예정이다'라고 말하려면 be going to를 쓰면 됩니다.

(3) 예약을 할 수 있다고 90% 정도의 능력을 말할 때

> I make an appointment on weekend.
> → I **can** make an appointment on weekend.
> 나는 주말에 예약을 할 수 있다.

90% 정도의 능력에는 can을 사용하고, 전문가적인 100% 능력에는 be able to를 씁니다.

(4) 반드시 예약해야 한다고 회화체(spoken English)로 말할 때

> I make an appointment on weekend.
> → I **have got to** make an appointment on weekend.
> → I **gotta** make an appointment on weekend.
> 나는 주말에 반드시 예약을 해야만 한다.

must보다 해야 하는 강도가 한 단계 낮은 조동사로 have to가 있어요. 그런데 have to는 회화에서 have got to 또는 줄여서 gotta로 사용될 때가 많아요.

(5) 과거에 어느 정도 자주 예약을 하곤 했을 때 (불규칙적인 습관)

> I make an appointment on weekend.
> → I **would** make an appointment on weekend.
> 나는 주말에 예약을 하곤 했었다.

과거에 장기간 지속되거나 반복된 일에는 used to가 어울리지만, 과거에 어느 정도 자주(때때로, 가끔) 일어난 일에는 would가 어울립니다.

(6) 예약을 해도 좋은지 공손하게 물어볼 때

> I make an appointment on weekend.
> → **May/Could/Would** I make an appointment on weekend?
> 제가 주말에 예약 좀 해도 될까요?

'공손' 하면 생각나는 조동사는 may, could, would입니다. 의문문일 때는 조동사가 문장 맨 앞에 와야 하므로, '제가 ~해도 될까요?'라고 물을 때는 **May** I...? / **Could** I...? / **Would** I...?와 같이 씁니다.

LESSON 32 • 111

② 조동사 끼워 넣기 ②

다음 문장도 영어의 가장 이상적인 단어 배열(SVO)에 맞춘 문장입니다. 이 문장에 조동사를 넣으면서 조동사가 다양한 문장을 만드는 데 얼마나 도움이 되는지 확인해 봐요.

> **They win this game.** 그들은 이 경기에서 이긴다.
> 명사 동사 명사

(1) 그들이 이길지도 모른다고 50% 정도 추측할 때

> They win this game.
> → They **may** win this game. 그들은 이 경기에서 이길**지도 모른다**.

50% 정도의 확신을 가지고 '~일지도 모른다'라고 추측할 때는 조동사 **may**를 씁니다.

(2) 반드시 이 경기에서 이겨야 한다고 강하게 말할 때

> They win this game.
> → They **have to** win this game. 그들은 이 경기에서 **반드시 이겨야 한다**.

'반드시 ~해야 한다'고 강하게 말할 때는 조동사 **have to**를 쓰면 됩니다.

(3) 그들이 이길 거라고 90% 정도 확신할 때

> They win this game.
> → They **will** win this game. 그들은 이 경기에서 이길 **것이다**.

미래의 일에 대해 말할 때 90% 정도 확실한 것에는 **will**을 사용해요. 만약에 They are going to win this game.이라고 하면 계획되어 있는 것처럼 말하는 것이므로 **will**보다 이길 확률이 더 높은 거예요.

(4) 그들이 이길 능력이 있다고 90% 정도 확신할 때

> They win this game.
> → They **can** win this game. 그들은 이 경기에서 이길 **수 있다**.

(5) 그들이 이길 능력이 있다고 70% 정도 확신할 때

> They win this game.
> → They **could** win this game. 그들은 이 경기에서 이길 수 있다.

능력에 대해 90% 정도 확신할 때는 can을 사용하고, 능력에 대해 70% 정도 확신할 때는 could를 사용합니다.

(6) 그들이 이기는 편이 좋겠다고 말할 때

> They win this game.
> → They **had better** win this game. 그들이 이 경기에서 이기는 편이 낫다.

'~하는 편이 좋겠다', '~하는 것이 낫다'라는 표현은 **had** better입니다. 여기 **had**는 have의 과거 동사가 아닙니다. would have done의 세 단어를 빨리 말하면 이 세 단어의 발음이 서로 가깝게 붙으며 **had**와 비슷하게 들리는 현상이 나타나요. 이렇게 발음이 축약되다보니 **had**로 쓴 것뿐입니다. (had를 쓴 이유에 대해서 가장 유력한 설명). 한 가지 더, **had** better의 부정은 **had** better not 입니다.

③ 조동사 끼워 넣기 ③

이제 다음 문장에 조동사를 넣어 봐요.

> **Jack and I try something new for the assignment.**
> 명사   동사   명사   전치사   명사
> 잭과 나는 과제를 위해 새로운 뭔가를 시도한다.

(1) 문제 해결 능력이 확실히 있다고 말할 때

> Jack and I try something new for the assignment.
> → Jack and I **are able to** try something new for the assignment.
> Jack과 나는 과제를 위해 새로운 뭔가를 시도할 수 있다.

100% 확실한 능력을 말할 때는 **be able to**를 사용해요. 참고로 assignment는 homework보다

훨씬 복잡한 과제를 뜻해요. 보통 책이나 인터넷 등에서 자료를 많이 수집해야 할 수 있는 복잡하고 어려운 과제를 말합니다. 또한 something, anything처럼 -thing으로 끝나는 명사는 강조하기 위해서 형용사를 그 뒤에 씁니다. 그래서 new something이 아니라 something new라고 한 거예요.

(2) 새로운 것을 시도하리라 강하게 추측될 때

> Jack and I try something new for the assignment.
> → Jack and I **are to** try something new for the assignment.
>
> Jack과 나는 과제를 위해 새로운 뭔가를 시도하리라 강하게 추측된다.
> (Jack과 나는 과제를 위해 새로운 뭔가를 시도하도록 돼 있다.)

뭔가를 할 거라고 거부할 수 없을 정도로 대단히 강하게 기대·추측될 때는 be to (am to, is to, are to, was to, were to)를 쓰면 됩니다.

(3) 새로운 것을 시도하리라 가볍게 추측될 때

> Jack and I try something new for the assignment.
> → Jack and I **are supposed to** try something new for the assignment.
>
> Jack과 나는 과제를 위해 새로운 뭔가를 시도하리라 가볍게 추측된다.
> (Jack과 나는 과제를 위해 새로운 뭔가를 시도하기로 돼 있다.)

뭔가를 할 거라고 가볍게 기대·추측될 때는 be/am/is/are/was/were supposed to를 쓰면 됩니다.

(4) 과거에 새로운 것을 위해서 상당히 장기간 시도했음을 말할 때

> Jack and I try something new for the assignment.
> → Jack and I **used to** try something new for the assignment.
>
> Jack과 나는 과제를 위해 새로운 뭔가를 시도하곤 했다.

과거에 단기간 했던 일에는 would를 쓰고, 과거에 장기간 했던 일에는 used to를 씁니다.

우리가 조동사를 배우는 이유는 이렇게 생활 속에서 다양한 조동사를 사용하기 위해서입니다. 앞으로는 조동사를 단순한 문법이 아니라, 생활 가운데 늘 쓰이는 말로 받아들이길 바랍니다.

④ 조동사 센스 있게 사용하기

지금까지 조동사의 뉘앙스와 쓰임에 대해서 배웠는데, 조동사를 좀 더 센스 있게 사용하기 위해서 알아두면 좋은 내용들을 따로 정리했습니다.

(1) May I...? / Could I...? / Can I...?로 시작하는 질문에는 다음과 같이 대답하는 것이 일반적이에요.

> Yes. 네.
> No problem. 문제 없어요.
> Okeydokey. (가볍게 말하는) 좋아, 좋아.
> Of course. 그럼요.
> Go ahead. 어서 하세요.
> Certainly. 그럼요.
> Okay. 네.

(2) Could you...? / Would you...?로 시작하는 질문에는 다음과 같이 대답하는 것이 일반적이에요.

> Yes. 네.
> No problem. 문제 없어요.
> Of course. 그럼요.
> Okay. 좋아요.
> Certainly. 그럼요.
> All right. 알겠어요.

(3) would you?/could you?/won't you?를 명령문 뒤에 덧붙일 수 있어요.

> Come here, **would you?** 이리 와, 그래 줄래? (이리 좀 와 줄래?)
> Shut the door, **could you?** 문 닫아, 그래 줄래? (문 좀 닫아 줄래?)
> Don't be late, **won't you?** 늦지 마, 안 그럴 거지? (늦지 좀 말지?)

(4) have to/have got to/must의 과거는 모두 had to예요.

> I **have to** buy this. → I **had to** buy this.
> I **have got to** buy this. → I **had to** buy this.
> I **must** buy this. → I **had to** buy this.

(5) 확신의 정도에 따라 다음과 같이 구분해서 쓸 수 있어요.

> He is sick. 그는 아프다. ● 확신 100%
> He **must** be sick. 그는 아픈 게 틀림없다. ● 확신 99%
> He **can** be sick. 그는 아플 수 있다. ● 확신 90%
> He **could** be sick. 그는 아플 수 있다. ● 확신 60~70%
> He **may** be sick. 그는 아플지도 모른다. ● 확신 50%

(6) used to(~하곤 했다) vs. be used to(~하는 데 익숙하다)

> ❶ used to + 동사원형: ~하곤 했다
> ❷ be used to + -ing: ~하는 데 익숙하다
>   get used to + -ing: ~하는 데 익숙해지다

이 둘은 생김새가 비슷해서 혼동하기 쉬운데, 뜻이 다르기 때문에 주의해야 합니다. used to 뒤에는 동사원형이 오지만, **be** used to 뒤에는 **-ing**가 나온다는 것도 주의하세요.

(7) 과거 어느 특정한 때에 가졌던 특별한 능력은 could가 아니라 was/were able to로 나타내요.

> Tom started an exercise program. He **was able to** run three miles without stopping.
> Tom은 운동 프로그램을 시작했다. 그는 쉬지 않고 3마일을 달릴 수 있었다.

쉬지 않고 3마일(4.8km)을 달리는 것은 아무나 쉽게 할 수 있는 일이 아니에요. 훈련과 연습을 통해서 가질 수 있는 특별한 능력에 해당합니다. 그래서 could가 아니라 was/were able to가 더 적절해요.

> They **could** reach the top of Mt. Everest. (△)
> They **were able to** reach the top of Mt. Everest. (○)
> 그들은 에베레스트산의 정상에 닿을 수 있었다.

아무나 에베레스트산 정상에 올라갈 수 있는 것은 아니에요. 전문적인 기술과 체력, 훈련이 필요하지요. 이렇게 과거 특정한 때에 가졌던 특별하고 실제적인 능력을 말하기 위해서는 could가 아니라 was/were able to를 써야 해요.

개념 정리 Quiz

1 다음 중 조동사에 대한 설명으로 옳지 않은 것을 고르세요.

① 조동사는 끼워 넣는 문법이고 개수가 많지 않다.
② 조동사는 과거형이 없으며 부정문도 만들 수 없다.
③ 조동사 뒤에는 항상 동사원형을 쓴다.
④ 조동사는 생략해도 문법이 틀리지 않고, 쓰는 자리가 동사 앞으로 정해져 있다.

2 조동사가 쓰인 다음 문장들 중 해석이 바르지 못한 것을 고르세요.

① She may need some help. – 그녀는 도움이 좀 필요할지도 모른다.
② I can do it by myself. – 나는 혼자서 그것을 할 수 있다.
③ What time would that be? – 그것은 몇 시였나요?
④ I won't do it. – 나는 그걸 하지 않을 것이다.

3 다음 중 앞으로 해야 하는 일을 말하는 표현이 아닌 것은 무엇인가요?

> I _____ get my hair cut.

① must (무슨 일이 있어도 ~해야한다)　② have to (반드시 ~해야한다)
③ would (~하곤 했다)　④ am supposed to (~하기로 되어있다)

4 다음 중 제시된 상황과 어울리지 않는 조동사를 쓴 문장을 고르세요.

① 그가 전화를 하겠다고 미리 말했을 때
→ He's <u>going to</u> call you.
② 갑자기 누군가가 초인종을 누를 때
→ I <u>will</u> open the door.
③ 변동 가능성이 있는 미래를 말할 때
→ I <u>will</u> visit next week.
④ 내가 가서 확인해 보겠다고 생각난 김에 말할 때
→ I'm <u>going to</u> go and check it.

5 내용과 뉘앙스가 어울리는 조동사를 골라 쓰세요.

> can   have to   be going to   used to
> will   could   had to   be supposed to

(1) 나는 그것을 찾을 수 있어요. [찾을 확률 90%]

I _____ find it.

(2) 내가 일정을 다시 짤 예정이다. [이미 계획된 일]

I _____ reschedule it.

(3) 네가 이것을 가져오기로 돼 있잖아.

You _____ bring this.

(4) 누가 한때 (장기간) 정비사로 일했었어?

Who _____ work as a mechanic?

(5) 나는 오늘 그 서류를 팩스로 보내야 했다.

I _____ fax the document today.

Practice

A 조동사를 찾아서 밑줄을 치고, 문장을 해석하세요.

1 Some people may think so.
→ _____

2 He would go skydiving when he was young.
→ _____

3 You are not supposed to tell that to other people.
→ _____

4 We are to use the kitchen cleanly.
→ _____

5 There used to be many flower shops around here.
→ _____

B 알맞은 조동사를 끼워 넣어 문장을 다시 쓰세요.

6 내가 전화할게. [변동 가능성 있는 미래]
   I call you.　　　　　→ _____

7 너는 3과부터 읽는 편이 좋을 거야. [안 읽으면 후회할 수도 있음]
   You read from the chapter 3. → _____

8 나는 (예전에는 한동안) 비오는 날을 좋아했었어. [규칙적이었던 과거]
   I like rainy days.　　→ _____

9 나는 그에게 말할 거야. [계획한 미래]
   I tell him.　　　　　→ _____

10 나는 일본어를 유창하게 할 줄 알았어. [과거에 가졌던 확실한 능력]
    I speak Japanese fluently. → _____

C 조동사를 이용해 다음을 영어로 옮기세요.

11 누가 아침에 그 문을 열기로 되어 있었어? (open, morning) [다른 사람의 생각을 대변, 완곡한 표현]
→ _____

12 나는 이번에는 시험에 통과할 수 없었어. (pass, easily, this time) [90% 능력]
→ _____

13 나는 그에게 다섯 번이나 전화를 해야 했어. (call, time) [have to의 과거]
→ _____

14 제가 여기서 기다려야 할까요? 아니면 저기서 기다려야 할까요? (should, wait)
→ _____

15 나는 (무슨 일이 있어도) 그 버스를 타야만 한다. (take, bus)
→ _____

16 나는 그녀에게 선물을 하나 줄 예정이야. (give, gift) [미리 세워놓은 계획]
→ _____

17 누구나 자신의 꿈을 펼칠 수 있어요. (anyone, start, dreams) [90% 능력]
→ _____

18 너의 차례가 곧 올 거야. (turn, come, soon) [변동 가능성 있는 미래]
→ _____

19 겨울에 (예전에 한동안) 눈이 많이 왔었어. (there, a lot of, winter) [규칙적]
→ _____

20 모차르트는 4살 때 피아노를 칠 수 있었다. (Mozart, play, when, years old) [확실한 능력]
→ _____

Study More

조동사가 사용된 생활영어

다음 표현들을 모두 외워 두면 조동사를 사용하는 데 많은 도움이 될 겁니다. 우리말을 보고 영어로 **3초** 안에 말할 수 있도록 연습해 두세요.

1. **Should I** say yes or no?
   그렇다고 해야 **하나**, 아니라고 해야 **하나?**

2. When **should** I call you?
   제가 언제 전화 걸면 **될까요?**
   ◐ 의문문일 때는 조동사가 주어 앞에 온다. 의문문을 제외하고는 조동사의 위치는 항상 동사 앞이다.

3. **May I?**
   제가 해도 될까요?
   ◐ 정황상 무엇에 대한 허락을 구하는지 알 수 있을 때는 동사를 생략하고 간단하게 이렇게 물어도 된다.

4. I **have to** take the TOEFL.
   나는 꼭 TOEFL을 봐야 **한다**.
   ◐ TOEFL을 보지 않으면 손해를 볼 거라는 의미를 담고 있다.

5. How much **will** that be?
   그것은 얼마일**까요?**   ◐ 정확한 가격을 묻는 뉘앙스

6. How much **would** that be?
   그것은 얼마쯤 될**까요?**   ◐ 대략적인 가격을 묻는 뉘앙스, 공손

7. **Can or can't?**
   할 수 있다는 거야, 없다는 거야?
   ◐ 미국 영어에서는 [t]를 약하게 발음하기 때문에 빨리 말하다 보면 can과 can't를 구분하기 어려울 때가 많다. 그럴 때는 이렇게 되물을 수 있다.

8. **Can you** tell me what is what?
   뭐가 뭔지 좀 말해 **줄래?**
   * what is what 뭐가 뭔지

9. I **used to** exercise every morning.
   나는 매일 아침 운동을 하곤 **했다**.
   ◐ 장기간에 걸쳐 매일 운동했음을 나타낸다.

10. The doctor **would** eat at IN-N-OUT.
    그 의사는 IN-N-OUT에서 먹곤 **했다**.
    ◐ 비교적 짧은 기간에 다소 불규칙적으로 먹었음을 나타낸다.

11. I **would** make mistakes because... 나는 ~ 때문에 실수를 하**곤 했다**.

    * make a mistake 실수하다

    ◯ 조동사 would 대신 used to를 쓰면 실수를 너무 자주 하는 사람으로 보일 수 있다. 어떤 조동사를 사용하느냐에 따라 전달되는 뉘앙스가 완전히 달라진다는 것을 명심하자.

12. It **could** hurt you. 그것이 너를 다치게 할 **수도 있어**.

    ◯ can으로 표현하면 상대방이 다칠 확률을 너무 크게 말하는 것이 되므로, 이런 상황에서는 상대를 배려하는 마음에서 확률을 낮춘 could로 말하는 것이 좋다.

13. I **must** do this. 나는 (무슨 일이 있어도) **반드시** 이것을 해야 해.

14. Come on. You **must** know. 어서. 너는 (**틀림없이**) 알고 있잖아.

15. I **had better not** tell you. 나는 너에게 말하지 않는 **편이 좋겠어**.

    ◯ 조동사의 부정은 조동사 뒤에 not을 써서 만든다.

16. I **'d better** go now. 나는 지금 가는 **편이 좋겠다**.

    ◯ had better는 'd better로 줄여서 쓸 수 있다.

17. The class **is supposed to** begin at 2. 그 수업은 2시에 시작하**기로 돼 있다**.

18. Who **is supposed to** do this? 누가 이걸 하**기로 돼 있지**?

19. Jackie **is able to** do this. Jackie는 이것을 확실하게 할 **능력이 있다**.

    ◯ Jackie의 능력은 거의 전문가 수준임을 알 수 있다.

20. Kim **is going to** meet you there. Kim이 (사전에 계획된 대로) 거기에서 너를 만날 **거야**.

21. I **was going to** ask the same thing. 나는 같은 것을 물어보**려고 했었다**.

22. You **have got to** see him. 너는 꼭 그를 만나**야만 해**.

    ◯ have got to는 생활 영어에서 자주 쓰인다.

과거분사에 대한 한을 풉시다

분사는 모든 명사 앞뒤 또는 모든 문장 뒤에 쓰기만 하면 되는 쉬운 말입니다.
일단 왜 '분사'라는 이름이 지어졌는지부터 시작해 볼게요.

① 우리말의 '~ㅆ다'는 영어로 -ed

문장에서 시제가 드러나는 부분은 동사입니다. 우리말에서는 동사에 '~ㅆ다'를 붙이면 과거 시제가 됩니다. '닫다'에 '~ㅆ다'가 붙으면 '닫았다'라는 과거형이 되는 것처럼요.

동사			과거 동사
닫다			닫았다
요리하다	+ ~ㅆ다	➡	요리했다
청소하다			청소했다
밀다			밀었다

영어에서 우리말의 '~ㅆ다'와 같은 기능을 하는 것은 무엇일까요? 그것은 바로 과거형을 만들어 주는 -ed 예요. '~ㅆ다'와 -ed는 둘 다 미완성된 형태로서 동사 뒤에 붙여서 쓴다는 공통점이 있어요.

동사			과거 동사
close 닫다			close**d** 닫았다
cook 요리하다	+ -ed	➡	cook**ed** 요리했다
clean 청소하다			clean**ed** 청소했다
push 밀다			push**ed** 밀었다

close처럼 e로 끝나는 경우에는 -d만 붙이면 됩니다.

② 우리말의 '~당한/된'도 영어로 -ed

'닫다'에 '~당한/된'이라는 의미를 덧붙이면 '닫**힌**'이라는 말이 됩니다. 또 '요리하다'에 '~당한/된'의 의미를 덧붙이면 '요리**된**'이라는 말이 만들어집니다.

동사		형용사화
닫다 요리하다 청소하다 밀다	+ ~당한/된 ➡	닫힌 요리된 청소된 밀린

이렇게 만들어진 '닫힌, 요리된, 청소된, 밀린'은 형용사입니다. 즉, 동사에 '~당한/된'이라는 의미가 덧붙여지면 '**형용사**'가 된다는 것을 알 수 있어요.

영어에서 우리말의 '~당한/된'에 해당하는 것은 무엇일까요? 그것도 바로 **-ed**입니다. '닫다'는 close인데, '닫힌'이라고 말하고 싶으면 -ed를 붙여서 clos**ed**라고 하면 됩니다.

동사		형용사화
close 닫다 cook 요리하다 clean 청소하다 push 밀다	+ -ed ➡	clos**ed** 닫힌 cook**ed** 요리된 clean**ed** 청소된 push**ed** 밀린

이제 '닫**힌**, 요리**된**, 청소**된**, 밀**린**'처럼 '~당한/된'에 해당하는 말을 영어로 말할 수 있겠죠?

③ '~당한/된'이라는 말 만들기

다음 동사들에 -ed를 붙여서 '~당한/된'이라는 수동·완료의 뜻을 가진 <u>형용사</u>로 만들어 보세요.

동사		형용사화
끓다 boil 연구하다 study 관찰하다 watch 고정시키다 fix 열다 open 씻다 wash 부르다 call 검사하다 check	+ -ed ~당한/된 ➡	끓여진 boil**ed** 연구된 studi**ed** 관찰된 watch**ed** 고정된 fix**ed** 열린 open**ed** 씻긴 wash**ed** 불리는 call**ed** 검사된 check**ed**

study처럼 y로 끝나는 동사는 y를 i로 고치고 -ed를 붙여요.

④ 형용사 '~당한/된'의 이름은 '과거분사'

일상생활에서 closed(닫힌), cooked(요리된)와 같은 표현들을 많이 사용하면서 영어권 사람들은 '~당한/된'이라는 의미를 지닌 형용사에 문법 이름을 붙였어요.

과거동사	형용사(~당한/된)	과거동사	형용사(~당한/된)
closed 닫았다	closed 닫힌	wrote 썼다	written 쓰인
checked 확인했다	checked 확인된	drove 운전했다	driven 조종된
locked 잠갔다	locked 잠긴	gave 줬다	given 수여된
finished 끝냈다	finished 종료된	drank 마셨다	drunk 취한
	↓		↓
	과거분사		과거분사

왼쪽 박스에 있는 과거동사와 형용사(~당한/된)는 철자가 같아요. 오른쪽 박스에 있는 과거동사와 형용사(~당한/된)는 철자가 대단히 비슷해요. 이를 통해서 수동완료(~당한/된)의 의미를 지닌 형용사를 만들기 위해서 과거동사의 철자를 그대로 가져 오거나 철자 중 일부를 참조했다는 것을 알 수 있어요. 그래서 '과거동사의 부분으로 만들어진 형용사'라는 뜻에서 '과거분사'라고 이름을 붙인 거예요.

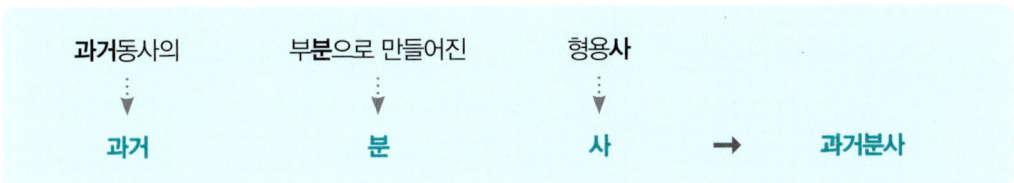

과거분사를 영어로 p.p.라고 하는데, p.p.는 past participle의 줄임말이에요. 이 영어 이름을 분석해 봐도 동일한 뜻을 갖고 있어요.

ciple은 '새로운 단어'라는 뜻이에요. 과거동사의 부분을 사용해서 새로운 단어(형용사)를 만들었기 때문에 이런 이름이 붙은 거예요. 이제 '과거분사'라는 용어에 대한 막연함이 해소됐지요? 앞으로는 과거분사를 훨씬 쉽게 받아들일 수 있을 거예요.

⑤ 과거분사로 명사 수식하기

과거분사는 형용사이기 때문에 명사 앞에 써서 명사를 수식하는 용도로 사용할 수 있습니다. 명사 앞에 형용사 대신 과거분사를 넣어 봐요.

형용사 + 명사	과거분사 + 명사
hot water 뜨거운 물 형용사	**boiled** water 끓인 물 과거분사
clean dishes 깨끗한 접시들 형용사	**washed** dishes 씻어진 접시들 과거분사

형용사 대신 과거분사를 넣었더니 훨씬 더 생동감 있는 표현이 됐어요.

⑥ 과거동사와 과거분사 사용하기

지금까지 배운 과거동사와 과거분사를 문장 속에서 사용해 볼까요?

❶ I **boiled** the water. ○ 과거동사
나는 물을 끓였다.

Watch out the **boiled** water! ○ 형용사로 사용된 과거분사
그 끓인 물을 조심해!

❷ We **cleaned** the room. ○ 과거동사
우리는 그 방을 청소했다.

I like the **cleaned** room. ○ 형용사로 사용된 과거분사
나는 그 청소된 방이 맘에 들어요.

❸ The people **pushed** the door. ○ 과거동사
사람들은 그 문을 밀었다.

Some **pushed** people got angry. ○ 형용사로 사용된 과거분사
일부 밀린 사람들은 화가 났다.

❹ The X-ray **checked** baggage. ○ 과거동사
엑스레이가 짐을 검사했다.

These are all **checked** baggage. ○ 형용사로 사용된 과거분사
이것들은 전부 검사된 짐이에요.

과거동사 boiled와 과거분사 boiled가 형태는 같아도 문장 속에서 사용되는 위치는 달라요. 과거분사는 '형용사'라는 점을 기억하고, 앞으로는 형용사 자리에 과거분사를 자주 사용하도록 하세요. 과거분사를 쓰면 글의 수준을 올릴 수 있습니다.

⑦ 과거분사의 위치

과거분사는 명사를 앞에서뿐만 아니라 뒤에서도 꾸며줄 수 있어요. 과거분사 뒤에 〈전치사+명사〉나 〈부사〉를 써서 명사를 꾸며주는 말을 길게 만들 수 있어요.

❶ **boiled** water 끓인 물 ○ 명사 앞에서 수식
water **boiled** for 20 minutes 20분 동안 끓인 물 ○ 명사 뒤에서 수식
water **boiled** slowly 천천히 끓인 물 ○ 명사 뒤에서 수식

❷ **cleaned** rooms 청소된 방들 ○ 명사 앞에서 수식
rooms **cleaned** after the party 파티 후에 청소된 방들 ○ 명사 뒤에서 수식
rooms **cleaned** thoroughly 구석구석 청소된 방들 ○ 명사 뒤에서 수식

❸ **pushed** people 밀린 사람들 ○ 명사 앞에서 수식
people **pushed** to the corner 구석으로 밀린 사람들 ○ 명사 뒤에서 수식
people **pushed** hard 세게 밀린 사람들 ○ 명사 뒤에서 수식

❹ **checked** baggage 검사받은 짐 ○ 명사 앞에서 수식
baggage **checked** by an X-ray 엑스레이로 검사된 짐 ○ 명사 뒤에서 수식
baggage **checked** repeatedly 반복적으로 검사된 짐 ○ 명사 뒤에서 수식

개념 정리 Quiz

1 다음 설명 중 틀린 것을 고르세요.

① 영어에서 우리말의 '~ㅆ다'와 같은 기능을 하는 것은 -ed이다.
② 영어에서 우리말의 '~당한/된'과 같은 기능을 하는 것은 -ed이다.
③ 과거동사와 과거분사는 항상 모양이 똑같지는 않다.
④ 과거분사는 명사의 앞에만 쓸 수 있다.

2 과거분사를 우리말로 번역할 때 가장 알맞은 것은 무엇인가요?

① ~하는   ② ~당한, ~된   ③ ~이었다   ④ ~하게

3 다음 문장에서 밑줄 친 부분을 올바르게 해석한 것을 고르세요.

> Don't touch the <u>painted wall</u>.

① 벽을 페인트칠했다   ② 벽을 페인트칠하기
③ 페인트칠하고 있는 벽   ④ 페인트칠된 벽

4 주어진 동사를 이용하여 다음 단어들을 영어로 옮기세요.

(1) 잠긴 (lock) → _____
(2) 변경된 (change) → _____
(3) 쓰인 (write) → _____
(4) 취한 (drink) → _____

5 다음을 영어로 옮길 때 빈칸에 알맞은 것을 고르세요.

> 그 수집된 물건들은 희귀하다.
> → The _____ items are rare.

① collect   ② collecting   ③ collected   ④ collection

* collect 모으다, 수집하다   rare 드문, 희귀한

6 다음을 영어로 바르게 옮긴 것을 고르세요.

> 우리는 표가 붙은 상자만 실을 수 있다.

① We can ship a tag box only.
② We can ship a tagging box only.
③ We can ship a tags box only.
④ We can ship a tagged box only.

7 과거분사가 만들어진 이유는 무엇인가요?

① 동사를 명사처럼 쓰기 위해서
② 명사를 동사처럼 쓰기 위해서
③ 동사를 형용사처럼 쓰기 위해서
④ 형용사를 동사처럼 쓰기 위해서

8 밑줄 친 부분의 문법 이름을 고르세요.

(1) They chang<u>ed</u> the date.　　　　　　　　　　(과거동사 / 과거분사)
(2) Notice the chang<u>ed</u> date.　　　　　　　　　(과거동사 / 과거분사)
(3) The <u>highlighted</u> words seem to be important.　(과거동사 / 과거분사)
(4) I <u>highlighted</u> the words with a colored pencil.　(과거동사 / 과거분사)

* tag 꼬리표[태그]를 붙이다　highlight 강조하다

Practice

A 과거분사를 찾아서 밑줄을 치고, 문장을 해석하세요.

1 I am looking for a used computer.
  → _____

2 I am looking for a furniture used less than a year.
  → _____

3 These are washed apples so they are clean to eat.
  → _____

4 These are apples washed several times so they are clean to eat.
  → _____

5 I have a wine imported from Spain.   *import 수입하다
  → _____

B 과거분사를 이용해서 다음을 영어로 옮기세요.

6 밑줄 친 어휘들을 기억하도록 하세요. (underline, vocabulary)
  → Please remember _____.

7 너는 빨간색으로 밑줄 친 어휘들을 외워야만 한다. (with a red line)
  → You should memorize _____.

8 이것들은 복제된 물품들이다. (copy, item)
  → These are _____.

9 불법적으로 복제된 물품들을 사지 마세요. (illegally)
  → Don't buy _____.

10 진열된 것들은 얼마예요? (display, one)
  → How much are _____?

C 단계적으로 문장 길이를 늘이면서 영작해 보세요.

11 (1) 너는 기억해야 한다. (should, remember)

→ _____

(2) 너는 그 이름들을 기억해야 한다. (name)

→ _____

(3) 너는 나열된 이름들을 기억해야 한다. (list)

→ _____

(4) 너는 종이에 나열된 이름들을 기억해야 한다. (the paper) *명사 수식어구를 명사 뒤에 쓰기

→ _____

12 (1) 나는 열었다. (open)

→ _____

(2) 나는 그 문을 열었다. (door)

→ _____

(3) 나는 잠긴 문을 열었다. (lock)

→ _____

(4) 나는 두 달 동안 잠겨 있던 문을 열었다. (two months) *명사 수식어구를 명사 뒤에 쓰기

→ _____

13 (1) Konan은 읽었다. (read)

→ _____

(2) Konan은 그 메시지들을 읽었다. (message)

→ _____

(3) Konan은 저장되어 있는 메시지들을 읽었다. (save)

→ _____

(4) Konan은 그의 전화기에 저장되어 있는 메시지들을 읽었다. (his phone)
  *명사 수식어구를 명사 뒤에 쓰기

  → _____

14 (1) 그들은 팔아요. (sell)

  → _____

(2) 그들은 샐러드를 팔아요. (salad)

  → _____

(3) 그들은 섞어 놓은 샐러드를 팔아요. (mix)

  → _____

(4) 그들은 과일과 함께 섞어 놓은 샐러드를 팔아요. (fruits)
  *명사 수식어구를 명사 뒤에 쓰기

  → _____

15 (1) 음악은 치료한다. (heal)

  → _____

(2) 음악은 마음을 치료한다. (hearts)

  → _____

(3) 음악은 상처받은 마음을 치료한다. (wound)

  → _____

(4) 음악은 다른 사람들로부터 상처받은 마음을 치료한다. (other people)
  *명사 수식어구를 명사 뒤에 쓰기

  → _____

Study More

동사의 과거형과 과거분사 (필수 암기 단어들입니다) ①

동사의 과거형과 과거분사를 만들 때 동사원형에 규칙적으로 -ed만 붙이면 되는 동사들도 있고, 형태가 불규칙적으로 변하는 동사들도 있어요. 불규칙적으로 변하는 동사 중 반드시 기억해야 하는 동사들을 수록했으니 철자에 유의해서 살펴보고 모두 외우도록 하세요.

현재동사	과거동사	과거분사	현재동사	과거동사	과거분사
become	became	become	fight	fought	fought
begin	began	begun	find	found	found
bend	bent	bent	fit	fit/fitted	fit/fitted
bite	bit	bitten	fly	flew	flown
blow	blew	blown	forget	forgot	forgotten
be	was/were	been	forgive	forgave	forgiven
break	broke	broken	freeze	froze	frozen
bring	brought	brought	get	got	got/gotten
build	built	built	give	gave	given
buy	bought	bought	grow	grew	grown
catch	caught	caught	hang	hung	hung
choose	chose	chosen	have/has	had	had
come	came	come	hear	heard	heard
cost	cost	cost	hide	hid	hidden
cut	cut	cut	hit	hit	hit
dig	dug	dug	hold	held	held
do/does	did	done	hurt	hurt	hurt
draw	drew	drawn	keep	kept	kept
drink	drank	drunk	know	knew	known
drive	drove	driven	lead	led	led
eat	ate	eaten	leave	left	left
fall	fell	fallen	lend	lent	lent
feed	fed	fed	let	let	let
feel	felt	felt	lay	laid	laid

LESSON 33 • 133

● 모두 외웠나요? 그럼 각 동사의 과거형과 과거분사를 써 보세요.

- become _____ _____
- begin _____ _____
- bend _____ _____
- bite _____ _____
- blow _____ _____
- be _____ _____
- break _____ _____
- bring _____ _____
- build _____ _____
- buy _____ _____
- catch _____ _____
- choose _____ _____
- come _____ _____
- cost _____ _____
- cut _____ _____
- dig _____ _____
- do/does _____ _____
- draw _____ _____
- drink _____ _____
- drive _____ _____
- eat _____ _____
- fall _____ _____
- feed _____ _____
- feel _____ _____

- fight _____ _____
- find _____ _____
- fit _____ _____
- fly _____ _____
- forget _____ _____
- forgive _____ _____
- freeze _____ _____
- get _____ _____
- give _____ _____
- grow _____ _____
- hang _____ _____
- have/has _____ _____
- hear _____ _____
- hide _____ _____
- hit _____ _____
- hold _____ _____
- hurt _____ _____
- keep _____ _____
- know _____ _____
- lead _____ _____
- leave _____ _____
- lend _____ _____
- let _____ _____
- lay _____ _____

Study More

동사의 과거형과 과거분사 (필수 암기 단어들입니다) ②

철자에 유의해서 살펴보고 모두 외워 봅시다.

현재동사	과거동사	과거분사	현재동사	과거동사	과거분사
light	lit	lit	sleep	slept	slept
lose	lost	lost	speak	spoke	spoken
make	made	made	spend	spent	spent
mean	meant	meant	spread	spread	spread
meet	met	met	stand	stood	stood
pay	paid	paid	steal	stole	stolen
put	put	put	stick	stuck	stuck
quit	quit	quit	swear	swore	sworn
read	read	read	sweep	swept	swept
ride	rode	ridden	swim	swam	swum
ring	rang	rung	take	took	taken
rise	rose	risen	teach	taught	taught
run	ran	run	tear	tore	torn
say	said	said	tell	told	told
see	saw	seen	think	thought	thought
sell	sold	sold	throw	threw	thrown
send	sent	sent	understand	understood	understood
set	set	set	upset	upset	upset
shake	shook	shaken	wake	woke	woken
shoot	shot	shot	wear	wore	worn
shut	shut	shut	win	won	won
sing	sang	sung	withdraw	withdrew	withdrawn
sit	sat	sat	write	wrote	written

● 모두 외웠나요? 그럼 각 동사의 과거형과 과거분사를 써 보세요.

- light _____ _____
- lose _____ _____
- make _____ _____
- mean _____ _____
- meet _____ _____
- pay _____ _____
- put _____ _____
- quit _____ _____
- read _____ _____
- ride _____ _____
- ring _____ _____
- rise _____ _____
- run _____ _____
- say _____ _____
- see _____ _____
- sell _____ _____
- send _____ _____
- set _____ _____
- shake _____ _____
- shoot _____ _____
- shut _____ _____
- sing _____ _____
- sit _____ _____

- sleep _____ _____
- speak _____ _____
- spend _____ _____
- spread _____ _____
- stand _____ _____
- steal _____ _____
- stick _____ _____
- swear _____ _____
- sweep _____ _____
- swim _____ _____
- take _____ _____
- teach _____ _____
- tear _____ _____
- tell _____ _____
- think _____ _____
- throw _____ _____
- understand _____ _____
- upset _____ _____
- wake _____ _____
- wear _____ _____
- win _____ _____
- withdraw _____ _____
- write _____ _____

현재분사 때문에 영어 포기?

과거분사에 이어, 이번에는 '현재분사'에 대해 알아보려고 해요. 현재분사는 우리말의 무엇에 해당하는지, 이름이 왜 현재분사인지, 동명사(-ing)와 어떻게 다른지 알아봐요.

1 우리말의 '~하는'은 영어로 -ing

우리말의 '닫다'에 '~하는'을 붙이면 '닫는'이라는 말이 만들어져요. 또 '요리하다'에 '~하는'을 붙이면 '요리하는'이라는 말이 만들어져요.

동사			형용사화
닫다 요리하다 청소하다 밀다	+	~(하)는 ➡	닫는 요리하는 청소하는 미는

'닫는, 요리하는, 청소하는, 미는'과 같은 말을 영어로는 어떻게 만들까요? 영어에서 '~하는'이라는 의미를 지닌 표현은 동사에 -ing를 붙여서 만들어요.

동사			형용사화
close 닫다 cook 요리하다 clean 청소하다 push 밀다	+	-ing ➡	closing 닫는 cooking 요리하는 cleaning 청소하는 pushing 미는

이렇게 동사에 -ing만 붙이면 '~하는'이라는 말을 만들 수 있어요. 단, close처럼 -e로 끝나는 동사에는 e를 지우고 -ing를 붙여요.

② '~하는'이라는 말 만들기

동사에 -ing를 붙여서 '~하는'이라는 뜻의 형용사로 만들어 보세요.

동사		형용사화
당기다 pull		당기는 pull**ing**
타자 치다 type		타자 치는 typ**ing**
움직이다 move		움직이는 mov**ing**
날다 fly	+ -ing (~하는) ➡	나는 fly**ing**
잡다 catch		잡는 catch**ing**
만나다 meet		만나는 meet**ing**
검사하다 check		검사하는 check**ing**
연구하다 study		연구하는 study**ing**
지켜보다 watch		지켜보는 watch**ing**
끓다 boil		끓는 boil**ing**

③ 형용사 '~하는'의 이름은 '현재분사'

일상생활에서 closing(닫는), cleaning(청소하는), cooking(요리하는) 같은 표현들을 많이 사용하면서 영어권 사람들은 이러한 말투에 문법 이름을 붙였어요.

현재동사(동사원형)	형용사(~하는)
close 닫다	clos**ing** 닫는
cook 요리하다	cook**ing** 요리하는
clean 청소하다	clean**ing** 청소하는
push 밀다	push**ing** 미는
	↓ 현재분사

'~하는'이라는 의미의 형용사를 만들기 위해서 현재동사(동사원형)에 -ing를 붙였어요. 그래서 '**현재**동사가 **부분**이 된 형용**사**'라는 뜻에서 '**현재분사**'라고 이름을 붙인 거예요.

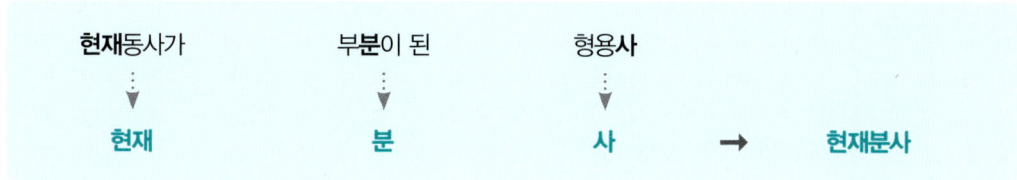

현재분사를 영어로 present participle이라고 하는데, 이 영어 이름을 분석해 봐도 동일한 뜻을 갖고 있어요.

ciple은 '새로운 단어'라는 뜻이에요. 현재동사가 부분이 되어 새로운 단어(형용사)가 만들어졌기 때문에 이런 이름이 붙은 거예요.

> ▶ '분사'라고 부르게 된 또 다른 이유
>
> participate(참가하다)라는 단어에서 participle(분사)이 만들어졌다고 보는 견해도 있습니다.
>
> - wash → **washed** (씻겨진 – 과거에 이미 이루어진 일)
>   과거(**past**)에 이미 이루어진 일을 말하기 위해서 동사 wash가 참가하여(**part**icipate) 만들어진 형용사 washed
>   → **과거**에 이루어진 **부분**을 말하는 **형용사** → **past part**iciple
> - wash → **washing** (씻는, 씻고 있는 – 현재 진행되고 있는 일)
>   현재(**present**) 이루어지고 있는 일을 말하기 위해서 동사 wash가 참가하여(**part**icipate) 만들어진 형용사 washing
>   → **현재** 진행되는 **부분**을 말하는 **형용사** → **present part**iciple

④ 현재분사로 명사 수식하기

현재분사는 형용사이므로 명사 앞에 써서 명사를 수식하는 용도로 사용할 수 있습니다.

형용사 + 명사	현재분사 + 명사
happy time 즐거운 시간 형용사	**closing** time 문 닫는 시간 현재분사
nice book 좋은 책 형용사	**cooking** book 요리하는 책 (요리책) 현재분사

5 현재분사의 위치

현재분사는 명사를 앞에서뿐만 아니라 뒤에서도 꾸며줄 수 있어요. 현재분사 뒤에 〈전치사+명사〉나 〈부사〉를 써서 명사를 꾸며주는 말을 길게 만들 수 있어요.

❶ **boiling** water 끓는 물 ◯ 명사 앞에서 수식

　water **boiling** for 20 minutes 20분 동안 끓는 물 ◯ 명사 뒤에서 수식

　water **boiling** slowly 천천히 끓는 물 ◯ 명사 뒤에서 수식

❷ **shaking** chairs 흔들리는 의자들 ◯ 명사 앞에서 수식

　chairs **shaking** because of the earthquake ◯ 명사 뒤에서 수식
　지진 때문에 흔들리는 의자들

　chairs **shaking** hard 세게 흔들리는 의자들 ◯ 명사 뒤에서 수식

❸ **pushing** people 미는 사람들 ◯ 명사 앞에서 수식

　people **pushing** to the corner 구석으로 미는 사람들 ◯ 명사 뒤에서 수식

　people **pushing** roughly 거칠게 미는 사람들 ◯ 명사 뒤에서 수식

❹ **dropping** water 떨어지는 물 ◯ 명사 앞에서 수식

　water **dropping** to the floor 바닥으로 떨어지는 물 ◯ 명사 뒤에서 수식

　water **dropping** repeatedly 반복적으로 떨어지는 물 ◯ 명사 뒤에서 수식

6 현재분사와 동명사 구별하기

동사원형 뒤에 -ing가 붙는 형태는 현재분사뿐만 아니라 동명사도 있어요.

> (1) **현재분사**: 동사원형에 -ing를 붙여서 만든 '**형용사**'로서 명사를 꾸며준다.
> (2) **동명사**: 동사원형에 -ing를 붙여서 만든 '**명사**'로서 주어, 목적어, 보어로 쓰인다.

그렇다면 -ing 형태만 보고 그것이 현재분사인지 동명사인지 어떻게 구별할 수 있을까요? 예를 들어 checking machines를 '기계를 검사하는 것'(동명사)으로 해석해야 할까요, '검사하는 기계'(현재분사)로 해석해야 할까요? checking machines만 봐서는 둘 다 맞는 해석이에요. 정확한 뜻을 알기 위해서는 문장 속에서 문맥을 통해 판단해야 해요.

❶ Where are **checking** machines? 검사하는 기계가 어디에 있죠? ◯ 현재분사
           ~하는

❷ **Checking** machines are necessary. 검사하는 기계가 필요해요. ◯ 현재분사
   ~하는

❸ My job is **checking** machines. 내 직업은 기계를 검사하는 거예요. ◯ 동명사
          ~는 것

❹ **Checking** machines is important. 기계를 검사하는 것은 중요해요. ◯ 동명사
   ~는 것

다음 예문에서 -ing는 현재분사로 쓰인 걸까요, 동명사로 쓰인 걸까요?

❺ a **sleeping** baby 자고 있는 아기

❻ a **walking** stick 지팡이

판단하기 애매한 경우에는 명사를 주어로 써서 문장을 만들어 보면 돼요. 그렇게 만든 문장의 의미가 자연스러우면 보통 현재분사로 쓰인 것이고, 어색하면 대부분 동명사로 쓰인 거예요.

❼ A baby is **sleeping**. 아기가 잠을 자고 있다. ◯ 자연스러운 문장 → 현재분사

❽ A stick is **walking**. 지팡이가 걸어 다니고 있다. ◯ 어색한 문장 → 동명사

> ▶ **왜 현재분사와 동명사가 똑같은 -ing를 사용하게 되었을까?**
>
> 동명사(~는 것)는 -ung, unga, -inga에서 변한 것입니다. 과거에 -ing는 습관적인 행동(eat**ing**, work**ing**, talk**ing**)과 사람들이 장기간 거주하는 마을(Birm**ing**ham, Nott**ing**ham)을 말했는데, 현재의 동명사 -**ing**도 동일한 용도로 사용해요.
>
> 현재분사(~하는)는 -ende에서 유래했어요. 1100년쯤부터 끝에 있는 철자 e가 빠지기 시작해서 -end가 되었어요. 프랑스 북부 지방에 살던 사람들이 글을 쓸 때 -end와 -ing(동명사)를 혼돈하곤 했어요. -end를 써야 할 자리에 실수로 -ing를 쓴 거죠. 그들이 **실수로 남긴 -ing**가 후손들에게 전해졌고, 그로부터 300년 정도 지난 후에 -end는 사라지고 -ing만 쓰게 됐어요.
>
> 현재분사와 동명사가 왜 모양이 같은지 궁금했을 텐데, 이렇게 이해하고 나면 두 문법이 훨씬 쉽게 느껴질 거예요.

개념 정리 Quiz

1 다음 설명 중 틀린 것을 고르세요.

① 영어에서 우리말의 '~하는'과 같은 기능을 하는 것은 -ing이다.
② 영어에서 우리말의 '~당한/된'과 같은 기능을 하는 것은 -ed이다.
③ 현재분사는 형용사 자리에 쓸 수 없다.
④ 모든 현재동사는 현재분사로 만들 수 있다.

2 다음 중 현재분사의 우리말 해석으로 알맞은 것은 무엇인가요?

① ~했다　　② ~이다　　③ ~하는　　④ ~당한

3 밑줄 친 표현 중 현재분사를 써서 영어로 옮길 수 없는 것은 무엇인가요?

① <u>날아가는</u> 새들　　② <u>미소 짓는</u> 사람들
③ <u>출렁이는</u> 물　　④ <u>도난당한</u> 책들

4 주어진 동사를 이용하여 다음 단어들을 영어로 옮기세요.

(1) 미는 (push) → _____
(2) 반짝이는 (shine) → _____
(3) 잡는 (catch) → _____
(4) 수영하는 (swim) → _____

5 다음을 영어로 바르게 옮긴 것을 고르세요.

> 그 공항에는 <u>움직이는</u> 보도가 있다.

① There is a move sidewalk at the airport.
② There is a moving sidewalk at the airport.
③ There is a moved sidewalk at the airport.
④ There is to move sidewalk at the airport.

* sidewalk 보도, 인도

6 밑줄 친 부분의 문법 이름을 고르세요.

(1) Did you check the creak**ing** stairs? (현재분사 / 동명사)

(2) I started study**ing** English a few weeks ago. (현재분사 / 동명사)

(3) Some questions ask**ing** about art in 1600 are difficult. (현재분사 / 동명사)

(4) Danc**ing** is my favorite activity. (현재분사 / 동명사)

7 〈보기〉와 같이 빈칸에 알맞은 현재분사를 쓰세요.

> 〈보기〉 a mixer → a mix**ing** machine

(1) a buyer → a _____ person

(2) a shutter → a _____ door

(3) a navigator → a _____ device

* creak 삐걱거리다 shutter 셔터, 덧문 navigator (항공기의) 자동 조종기

Practice

A 현재분사를 찾아서 밑줄을 치고, 문장을 해석하세요.

1. The arriving bus is mine. The bus arriving next is yours.
   → _____

2. I can hear your trembling voice.   *tremble 떨리다
   → _____

3. Your voice trembling quietly is the sign that you are nervous.
   → _____

4. There are people waiting for you.
   → _____

5. The song title is "A train going to the past."
   → _____

B 현재분사를 이용해서 다음을 영어로 옮기세요.

6. 미소 짓고 있는 그 아이들은 행복해 보인다. (smile)
   → _____ look happy.

7. 빨리 달리는 차들을 조심하세요! (run, fast)
   → Watch out _____!

8. 나는 째깍거리는 내 시계를 서랍에 넣었다. (tick, clock)
   → I put _____ in the drawer.

9. 흰색 셔츠를 입고 있는 그를 좀 봐! (wear, shirt)
   → Look at _____!

10. 나는 사람처럼 말하는 AI 스피커를 샀어. (AI speaker, talk, human)
    → I bought _____.

C 단계적으로 문장 길이를 늘이면서 영작해 보세요.

11 (1) 나는 잡았다. (caught)
→ _____

(2) 나는 접시를 잡았다. (a dish)
→ _____

(3) 나는 떨어지는 접시를 잡았다. (fall)
→ _____

(4) 나는 선반에서 떨어지는 접시를 잡았다. (shelf) *명사 수식어구를 명사 뒤에 쓰기
→ _____

12 (1) 나는 좋아해.
→ _____

(2) 나는 그 장면을 좋아해. (scene)
→ _____

(3) 나는 스릴 넘치는 그 장면을 좋아해. (thrill)
→ _____

(4) 나는 영화 속 스릴 넘치는 그 장면을 좋아해. (movie)
→ _____

13 (1) 나는 기침이 나. (have a cough)
→ _____

(2) 나는 목이 간질간질 하면서 기침이 나. (tickle)
→ _____

(3) 나는 아침부터 목이 간질간질 하면서 기침이 나. (morning)

→ _____

14 (1) 그들은 설치했다. (install)

→ _____

(2) 그들은 카메라들을 설치했다. (cameras)

→ _____

(3) 그들은 감시하는 카메라들을 설치했다. (monitor)

→ _____

(4) 그들은 공원 주변에 감시하는 카메라들을 설치했다. (around)

→ _____

분사 실전 감각 높이기

앞에서 배운 과거분사와 현재분사가 영어 실력으로 연결될 수 있도록 분사를 이용한 영작 연습을 해 봅시다. 그러고 나서 과거분사와 현재분사를 생활 속에서 사용해 보세요.

1 과거분사로 명사 꾸미기

과거분사는 형용사처럼 명사를 꾸며줘요. 과거분사로 명사를 꾸며주는 연습을 하면서 과거분사 사용에 자신감을 가져 봐요.

❶ 예약하다 reserve   자리, 좌석 seat
→ 예약된 자리[좌석]   a **reserved** seat
                       과거분사 명사

'예약하다'가 reserve이므로 '예약된'은 과거분사 reserved입니다. reserved는 형용사이므로 명사 seat 앞에 써서 reserved seat라고 하면 '예약된 자리'가 됩니다.

❷ 미루다, 지연시키다 delay   비행기, 항공편 flight
→ 연착된 비행기   a **delayed** flight

◎ delay는 잠시 미루는 것이고, postpone은 오랜 시간 뒤로 연기하는 것을 말해요.

❸ 고정시키다 fix   시선 eyes
→ 고정된 시선   **fixed** eyes

❹ 밑줄 긋다 underline   문장들 sentences
→ 밑줄 그어진 문장들   **underlined** sentences

❺ 가득 메우다 crowd   교실 classroom
→ 북적이는 교실   a **crowded** classroom

❻ 좁히다 narrow   길 street
→ 좁아진 길   a **narrowed** street

❼ 봉하다 seal　뚜껑들 caps
→ 봉해진 뚜껑들　**sealed** caps

❽ 과장하다 exaggerate　장면 scene
→ 과장된 장면　an **exaggerated** scene

❾ 닫다 close　문 door
→ 닫힌 문　a **closed** door

❿ 열을 가하다 heat　액체 liquid
→ 가열된 액체　**heated** liquid

⓫ 정제하다 purify　물 water
→ 정제된 물　**purified** water

⓬ 사용하다 use　차 car
→ 중고차　a **used** car

○ '중고차'는 '사용된 차'를 말하므로 use(사용하다)의 과거분사 used를 사용하면 됩니다.

⓭ 손상을 입히다 damage　건물 building
→ 손상된 건물　a **damaged** building

지금까지 과거분사를 이용해 명사를 수식해 봤어요. 과거분사를 잘 사용하기 위해서는 동사를 많이 알고 있어야 합니다. 많은 동사를 알고 있다면 그만큼 많은 과거분사를 만들 수 있으니까요.

② 현재분사로 명사 꾸미기

현재분사도 형용사처럼 명사를 꾸며줘요. 현재분사로 명사를 꾸며주는 연습을 하면서 현재분사 사용에 자신감을 가져 봐요.

❶ 달리다 run　기차 train
→ 달리는 기차　a **running** train
　　　　　　　　　현재분사　명사

'달리다'가 run이므로 '달리는'은 running입니다. 현재분사 running은 형용사이므로 명사 train 앞에 써서 a running train이라고 하면 '달리는 기차'가 됩니다.

❷ 불타다 burn   마음 heart
→ 불타는 마음   a **burning** heart

❸ 검사하다 check   구역 area
→ 검사하는 구역   a **checking** area

현재분사 checking은 형용사이므로 명사 area 앞에 써서 a checking area라고 하면 '검사하는 구역'이 됩니다.

* 이 표현을 동명사 checking과 명사 area가 합쳐져서 '검사구역'이라는 명사구로도 볼 수 있습니다.

❹ 전화하다 call   카드 card
→ 전화하는 카드(전화카드)   a **calling** card

현재분사 calling은 형용사이므로 명사 card 앞에 써서 a calling card라고 하면 '전화하는 카드'가 됩니다.

* 이 표현을 동명사 calling과 명사 card가 합쳐져서 '전화카드'라는 명사구로도 볼 수 있습니다.

❺ 일하다 work   사람들 people
→ 일하는 사람들   **working** people

❻ 어리둥절하게 하다 bewilder   순간들 moments
→ 어리둥절케 하는 순간들   **bewildering** moments

❼ 기다리다 wait   시간 time
→ 기다리는 시간(대기시간)   a **waiting** time

현재분사 waiting은 형용사이므로 명사 time 앞에 써서 waiting time이라고 하면 '기다리는 시간'이 됩니다.

* 이 표현을 동명사 waiting과 명사 time이 합쳐져서 '대기시간'이라는 명사구로도 볼 수 있습니다.

> ❽ 물건을 사다, 쇼핑하다 shop 목록 list
> → 물건 구입 목록(쇼핑 목록) a **shopping** list

현재분사 shopping은 형용사이므로 명사 list 앞에 써서 a shopping list라고 하면 '쇼핑하는 리스트'가 됩니다.

* 이 표현을 동명사 shopping과 명사 list가 합쳐져서 '쇼핑목록'이라는 명사구로도 볼 수 있습니다.

> ❾ 당황스럽게 만들다 embarrass 질문 question
> → 당황스러운 질문 an **embarrassing** question

embarrassing을 형용사로 쓰기 위해서 명사 question 앞에 쓸 수 있습니다.
그래서 an ebarrassing question이라고 하면 '당황스러운 질문'이라는 뜻이 됩니다.

③ 왜 동사로 형용사를 만들까?

지금까지 과거분사와 현재분사를 형용사로 사용하는 연습을 해 봤어요. 그런데, 명사를 수식하기 위해서 왜 굳이 동사를 이용해서 과거분사나 현재분사를 만들어서 쓰는 걸까요? 그것은 바로 동사의 생동감이 필요하기 때문이에요.

단순히 hot water라고 하는 것보다 boiling water(끓고 있는 물)나 boiled water(끓여진 물)가 더 뜨거운 생동감을 주는 것처럼요. 여러분도 앞으로 명사를 꾸며줄 때 생동감 있는 형용사 – 과거분사와 현재분사 – 를 자주 사용해 보세요.

개념 정리 Quiz

1 다음 중 분사에 대한 설명으로 잘못된 것을 고르세요.

① 분사에는 현재분사와 과거분사가 있다.
② 분사는 일종의 형용사로서 명사를 꾸며준다.
③ 과거분사는 진행의 뜻, 현재분사는 수동의 뜻을 가지고 있다.
④ 형용사 대신 분사를 쓰는 이유는 생동감을 주기 위해서다.

2 다음 중 우리말 해석으로 알맞지 않은 것은 무엇인가요?

① running children – 뛰는 아이들
② turning tables – 돌아간 테이블들
③ saved messages – 저장된 메시지들
④ deleted files – 지워진 파일들

3 분사에 유의하며 다음을 해석하세요.

(1) surprising news → _____
(2) surprised people → _____
(3) exciting games → _____
(4) excited audiences → _____

4 밑줄 친 형용사에 유의하며 다음을 해석하세요.

(1) Be careful with the <u>boiling</u> water. _____
(2) Be careful with the <u>boiled</u> water. _____
(3) Be careful with the <u>heated</u> water. _____
(4) Be careful with the <u>hot</u> water. _____

* delete 지우다, 삭제하다   audience 청중, 관중

5 주어진 동사를 알맞은 분사 형태로 바꿔서 문장을 완성하세요.

(1) 나는 프라이드 치킨(튀겨진 닭)을 먹을게요. (fry)

I will have a _____ chicken.

(2) 구르는 돌에는 이끼가 끼지 않는다. (roll)

A _____ stone gathers no moss.

(3) 구운 감자를 드실래요, 아니면 으깬 감자를 드실래요? (bake, mash)

Would you like to have a _____ or _____ potato?

(4) 이 구역은 담배를 피우는 분들을 위한 곳입니다. (smoke)

This area is for _____ people.

(5) 떠오르는 태양을 보기 위해서 많은 사람들이 왔어요. (rise)

Many people came in order to see the _____ sun.

(6) 당신은 필기시험을 봐야 합니다. (write)

You need to take a _____ test.

(7) 이 지역에서 자라는 나무들은 잎이 넓어요. (grow)

The trees _____ in this area have wide leaves.

(8) 반짝이는 불빛을 따라가세요. (sparkle)

Follow the _____ light.

6 다음을 우리말로 해석하세요.

(1) a safely arrived plane → _____

(2) a tightly closed door → _____

(3) neatly combed hair → _____

(4) a beautifully decorated room → _____

* moss 이끼   comb 빗다

Practice

A 분사를 찾아서 밑줄을 치고, 문장을 해석하세요.

1. We have 30 selected people. People selected today will work for us.
   * select 선발하다, 선택하다
   →

2. I bought these clothes in the mall located in Paju.
   →

3. I saw some students nodding off during the lecture.　* nod off 깜빡 졸다
   →

4. I have to say thank you to the people helping me from the beginning.
   →

5. All invited people should have their name tags.
   →

B 분사를 이용하여 다음을 영어로 옮기세요.

6. 반짝이는 별들 (twinkle, star)
   →

7. 수락된 계획들 (accept, plan)
   →

8. 혼란스럽게 만드는 상황 (confuse, situation)
   →

9. 계속된 토론 (continue, discussion)
   →

10. 준비된 회의 (organize, meeting)
    →

11 신경 쓰이게 하는 생각 (bother, thought)

→ _____

12 첨가된 물 (add, water)

→ _____

13 마무리된 일 (finish, work)

→ _____

C 적절한 현재분사, 과거분사를 사용해서 다음을 영어로 옮기세요.

14 누구나 기대하지 않았던 행운을 한 번은 가진다. (unexpect, luck)

→ Everyone has _____ once.

15 나는 염색한 머리가 마음에 든다. (dye, hair)

→ I like my _____.

16 줄 서서 기다리는 사람들이 많다. (wait, line)

→ There are many people _____.

17 이 요점 정리된 책이 내가 이번 시험에서 좋은 점수를 받는 데 도움이 됐어. (summarize, book)

→ _____ helped me to get a good score in this test.

18 영어로 글을 잘 쓰기 위해서 여러분은 고정되어 있는(정해진) 표현들을 많이 알고 있어야 해요. (many, fix, expression)

→ In order to write well in English, you should know _____

_____.

분사 자신감이 영어 자신감

이번 Lesson에서는 분사를 사용하기 전의 글과 사용한 후의 글을 비교하면서 분사가 글의 수준을 어떻게 바꾸는지 파악해 봅시다.

1 분사를 쓰지 않은 글

분사가 사용되지 않은 다음 글을 먼저 읽어 보세요. 자신감을 가지고 읽어보세요. 쉽게 해석할 수 있어요.

A woman came to the laboratory. The woman had no idea about the test. An experimenter gave her a pen. The experimenter asked her to read a cartoon. The woman held the pen with her teeth. She read the cartoon without thinking about her facial expression. She did not notice her face.

After a short break, the experimenter gave her another cartoon. She read the cartoon. This time the woman held the pen with her lips. After reading the cartoons, the experimenter asked her, "Which cartoon was funnier?" She rated the first cartoon was funnier.

According to this experiment, we unconsciously make expressions on our face and these expressions greatly change our mood.

〈출처〉 Introduction to psychology. Kalat, James W. (Belmont: Wadsworth Publishing Company, 1999. p. 443)

한 여성이 실험실에 왔다. 그 여성은 실험에 대해 전혀 몰랐다. 한 실험자가 그녀에게 펜 하나를 주었다. 그 실험자는 그녀에게 만화 하나를 읽어 달라고 요청했다. 여성은 이로 펜을 물었다. 그녀는 자신의 얼굴 표정에 대해서는 아무 생각 없이 그 만화를 읽었다. 그녀는 자신의 얼굴 표정을 의식하지 못했다.

짧은 휴식 후에 실험자는 그녀에게 또 다른 만화를 주었다. 그녀는 그 만화를 읽었다. 이번에 그 여성은 입술로 펜을 물었다. 만화들을 읽은 후에 그 실험자는 그녀에게 물었다. "어느 만화가 더 재미있었나요?" 그녀는 첫 번째 만화가 더 재미있었다고 평가했다.

이 실험에 따르면, 우리는 무의식적으로 얼굴에 표정을 짓는데, 이 표정들은 우리의 기분을 크게 바꾼다고 한다.

* laboratory 실험실 experimenter 실험자 facial 얼굴의 expression 표정, 표현 notice 눈치 채다 rate 등급을 매기다
unconsciously 무의식적으로 mood 기분

② 분사를 추가한 글

방금 읽은 글에 분사를 추가하면서, 분사를 쓰기 전과 후의 변화를 비교해 보세요.

Before The woman had no idea about the test.
그 여성은 실험에 대해 전혀 몰랐다.

After The **invited** woman had no idea about the **carefully** **designed** test.
(과거분사)　　　　　　　　　　　　　　(부사)　　(과거분사)

초대된 여성은 조심스럽게 설계된 실험에 대해 전혀 몰랐다.

Before An experimenter gave her a pen.
한 실험자가 그녀에게 펜 하나를 주었다.

After An experimenter gave her a **prepared** pen.
(과거분사)
한 실험자가 그녀에게 준비된 펜 하나를 주었다.

Before The woman held the pen with her teeth.
여성은 이빨로 펜을 물었다.

After The woman held the **given** pen with her teeth.
(과거분사)
여성은 이로 주어진 펜을 물었다.

Before She read the cartoon without thinking about her facial expression.
그녀는 자신의 얼굴 표정에 대해서는 아무 생각 없이 그 만화를 읽었다.

After She read the **given** cartoon without thinking about her **forced** facial expression.
(과거분사)　　　　　　　　　　　　　　　　　　　　　　(과거분사)
* force 억지로 ~하게 하다

그녀는 자신의 억지로 지어진 얼굴 표정에 대해서는 아무 생각 없이 주어진 만화를 읽었다.

Before She did not notice her face.
그녀는 자신의 얼굴 표정을 의식하지 못했다.

After She did not notice her **smiling** face.
그녀는 자신의 웃고 있는 얼굴 표정을 의식하지 못했다.

Before After a short break, the experimenter gave her another cartoon.
짧은 휴식 후에 실험자는 그녀에게 또 다른 만화를 주었다.

After After a short break, the experimenter gave her another **prepared** cartoon.
(과거분사)
짧은 휴식 후에 실험자는 그녀에게 또 다른 준비된 만화를 주었다.

Before She read the cartoon.
그녀는 그 만화를 읽었다.

After She read the **offered** (과거분사) cartoon. * offer 제공하다, 제의하다
그녀는 제공된 만화를 읽었다.

Before According to this experiment, we unconsciously make expressions on our face and these expressions greatly change our mood.
이 실험에 따르면, 우리는 무의식적으로 얼굴에 표정을 짓는데, 이 표정들은 우리의 기분을 크게 바꾼다고 한다.

After According to this **interesting** (현재분사) experiment, we unconsciously make **fixed** expressions on our face and these **appeared** (과거분사) (과거분사) expressions greatly change our **working and studying** mood. (현재분사) (현재분사)
이 흥미로운 실험에 따르면, 우리는 무의식적으로 우리의 얼굴에 고정된(일정한) 표정을 짓는데, 이 나타난(드러난) 표정들은 우리의 일하고 공부하는 기분을 크게 바꾼다고 한다.

분사를 쓰기 전의 글과 분사를 쓰고 난 후의 글 중에 어느 쪽의 수준이 더 높은가요? 당연히 분사를 쓴 글의 수준이 더 높다는 것을 알 수 있어요.

③ 분사를 명사 뒤에 쓴 글

분사 뒤에 〈전치사+명사〉 또는 〈to : ~하기 위하여〉가 붙어서 명사를 꾸미는 수식어구가 길어질 때는 분사를 명사 뒤에 씁니다. 명사를 뒤에서 꾸미고 있는 다음 글을 읽어 보세요.

> A woman came to the laboratory. The **woman invited to the lab** had no idea about the **test designed to** study facial expressions. An experimenter gave her a **pen prepared for** this test. The experimenter asked her to read a cartoon. The woman held the **pen given by** the experimenter with her teeth. She read the **cartoon given to** her without thinking about her facial expression. She did not notice her **face smiling in** the course of the test.

After a short break, the experimenter gave her another **cartoon** <u>prepared for</u> the test. She read the **cartoon** <u>offered to</u> her. This time the woman held the pen with her lips. After reading the cartoons, the experimenter asked her, "Which cartoon was funnier?" She rated the first cartoon was funnier.

According to this interesting experiment, we unconsciously make **expressions** <u>fixed on</u> our face and these appeared expressions greatly change our mood.

<small>한 여성이 실험실에 왔다. 실험실에 <u>초대된</u> 그 **여성**은 얼굴 표정을 연구하기 위해서 <u>설계된</u> 그 **실험**에 대해 전혀 몰랐다. 한 실험자가 그녀에게 <u>이 실험을 위해서 준비된</u> 펜을 하나 주었다. 그 실험자는 그녀에게 만화 하나를 읽어 달라고 요청했다. 그 여성은 이로 실험자에 의해 <u>주어진</u>(실험자가 준) **펜**을 물었다. 그녀는 자신의 얼굴 표정에 대해서는 아무 생각 없이(무의식적으로) 그녀에게 <u>주어진</u> 만화를 읽었다. 그녀는 실험 중에 <u>웃고 있는</u> 자신의 **얼굴 표정**을 의식하지 못했다. (이로 펜을 물면 웃을 때 사용하는 근육을 쓰게 되므로 얼굴 표정도 웃거나 미소 짓는 표정과 비슷해진다는 뜻)

짧은 휴식 후에, 그 실험자는 그녀에게 실험을 위해서 <u>준비된</u> 또 다른 만화를 주었다. 그녀는 그녀에게 <u>제공된</u> 만화를 읽었다. 이번에 그 여성은 입술로 펜을 물었다. 만화들을 읽은 후에 그 실험자는 그녀에게 물었다. "어느 만화가 더 재미있었나요?" 그녀는 첫 번째 만화가 더 재미있었다고 평가했다. (입술로 펜을 물면 찡그리거나 불만스러운 표정을 만들 때 사용하는 근육과 동일한 근육을 쓰게 되므로 얼굴 표정도 찡그린 표정과 가깝게 된다는 뜻)

이 흥미로운 실험에 따르면, 우리는 무의식적으로 <u>우리의 얼굴에 고정된(일정한)</u> **표정**을 짓는데, 이 나타난(드러난) 표정들은 우리의 기분을 크게 바꾼다고 한다.</small>

꾸며주는 부분이 길어지면서 내용이 더욱 자세해진 것을 알 수 있죠? 사실, 분사는 명사 앞보다 명사 뒤에 사용될 때가 더 많습니다. 명사 뒤에 분사를 쓰는 데 익숙해지도록 많이 연습해 두세요.

④ 분사를 쓰는 이유

형용사 대신 굳이 분사를 사용하는 이유가 뭘까요? 다음 예를 통해서 형용사를 쓴 경우와 분사를 쓴 경우를 비교해 보세요.

형용사 + 명사	과거분사 + 명사
good result 좋은 결과 **clean** water 깨끗한 물 a **beautiful** room 아름다운 방	**expected** result 기대된 결과 **purified** water 정제된 물 a **decorated** room 장식된 방

형용사 + 명사	현재분사 + 명사
a **necessary** tool 필요한 도구	a **fixing** tool 고치는 도구
a **bad** problem 나쁜 문제	a **bothering** problem 신경 쓰이는 문제
a **convenient** card 편리한 카드	a **calling** card 전화 카드
a **dangerous** knife 위험한 칼	a **cutting** knife 자르는 칼
a **delivery** truck 배달 트럭	a **moving** truck 이사 트럭

* delivery truck처럼 명사와 명사를 나란히 쓴 경우에는 앞쪽 명사가 뒤에 나오는 명사에 대해서 설명하는 형용사 역할을 한다. 예) traffic signal 교통 신호   job interview 직장 면접

형용사를 쓴 것에 비해 과거분사나 현재분사를 쓰면 훨씬 구체적이고 자세히 표현할 수 있다는 것을 알 수 있어요. 그 이유는 동사가 갖고 있는 생동감이 분사에 녹아 있기 때문이에요. 여러분도 앞으로 분사를 자주 사용하여 글의 수준을 높여 보세요.

개념 정리 Quiz

1 다음 중 분사에 대한 설명으로 잘못된 것을 고르세요.

① 분사는 일종의 형용사로서 명사를 꾸며준다.
② 모든 동사는 분사로 만들 수 있다.
③ 분사는 형용사에 -ed나 -ing를 붙여서 만든다.
④ 형용사 대신 분사를 써도 문법이 틀리지 않는다.

2 현재분사 또는 과거분사를 사용하여 다음을 영어로 옮기세요.

(1) 발송된 소포 (send) → a _____ package
(2) 반복된 단어 (repeat) → a _____ word
(3) 잃어버린 가방 (lose) → a _____ bag
(4) 충격적인 장면들 (shock) → _____ scenes
(5) 예기된 결과들 (expect) → _____ results
(6) 조정된 일정들 (arrange) → _____ schedules
(7) 혼란스러운 질문들 (confuse) → _____ questions
(8) 축적된 지식 (accumulate) → _____ knowledge

3 밑줄 친 형용사를 더 생동감 강한 분사로 바꿔 쓰세요.

> shock**ing**   mov**ing**   excit**ing**   sell**ing**   burn**ing**

(1) She was surprised by the <u>bad</u> news.
→ She was surprised by the _____ news.

(2) This is a <u>fun</u> game.
→ This is an _____ game.

(3) My head is <u>hot</u>.
→ My head is _____.

* accumulate 축적하다

4 의미에 어울리는 분사를 추가하여 문장을 다시 쓰세요.

(1) 그 모아둔 돈은 쓰지 마. (save)
Don't spend the money.

→ _____

(2) 당신의 용기를 북돋아 주는 말에 감사해요. (encourage)
I appreciate your words.

→ _____

(3) 우리는 떨어지는 낙엽을 바라보았다. (fall)
We looked at the leaves.

→ _____

(4) 다가오는 이번 주 금요일에 만나자. (come)
Let's meet on this Friday.

→ _____

(5) 그 밑줄 쳐진 단어들을 우선 외우세요. (underline)
You should memorize the words first.

→ _____

* encourage 격려하다, 용기를 북돋우다

Practice

A 분사를 찾아서 밑줄을 치고, 문장을 해석하세요.

1 This decorated room is very beautiful so that people will like it.
→ _____

2 There is a dog following me.
→ _____

3 I met Jake waiting for you in the first floor.
→ _____

4 The manager counted the number of returned items.   *return 반품하다
→ _____

5 I would like to buy a used motorcycle.
→ _____

B 밑줄 친 명사 앞 또는 뒤에 분사를 쓰세요.

6 나는 주어진 시간을 낭비하고 싶지 않아요. (give)
I don't want to waste _____.

7 나에게 주어진 시간이 영향을 미칠 수 있어요. (give) *명사 수식어구를 명사 뒤에 쓰기
_____ can make a difference.

8 그 준비된 음식은 당신을 위한 거예요. (prepare)
_____ is for you.

9 당신을 위해서 준비된 음식은 파스타예요. (prepare) *명사 수식어구를 명사 뒤에 쓰기
_____ is pasta.

10 나는 그때 회전문 안에 있었어요. (revolve)
I was in a _____ then.

C 단계적으로 문장 길이를 늘이면서 영작해 보세요.

11 (1) 한 실험자가 그녀에게 펜을 하나 주었다. (experimenter, pen)

→ _____

(2) 한 실험자가 그녀에게 준비된 펜을 하나 주었다. (prepare) (과거분사)

→ _____

(3) 한 실험자가 그녀에게 이 실험을 위해서 준비된 펜을 하나 주었다. (test)
*명사 수식어구를 명사 뒤에 쓰기

→ _____

12 (1) 나는 파일을 확인했다. (check, file)

→ _____

(2) 나는 첨부된 파일을 확인했다. (attach) (과거분사)

→ _____

(3) 나는 사진들과 함께 첨부된 파일을 확인했다. (picture)
*명사 수식어구를 명사 뒤에 쓰기

→ _____

13 (1) 내 옆에 차 한 대가 있다. (there is, next to)

→ _____

(2) 내 옆에 빵빵거리는 차 한 대가 있다. (honk) (현재분사)

→ _____

(3) 내 옆에 성급하게 빵빵거리는 차 한 대가 있다. (impatiently)
*명사 수식어구를 명사 뒤에 쓰기

→ _____

Study More

글 속에서 분사 확인하기

명사 앞에 분사를 쓰기 전과 쓰고 난 후 글이 겪는 변화를 비교해 보세요.

Before
▼

Children learn language. Parents don't teach their kids. However, the kids learn it. It is because the part of the brain is intact and the hemispheres are connected. Therefore, children can easily memorize (the) words and (the) sentences, and transfer the information to the language learning area.

아이들은 언어를 배운다. 부모는 그들의 아이들을 가르치지 않는다. 그러나, 아이들은 그것을 배운다. 그 이유는 뇌의 부분이 온전하고, 뇌의 반구(왼쪽과 오른쪽 뇌)가 연결되어 있기 때문이다. 그래서 아이들은 단어와 문장을 쉽게 외울 수 있으며, 그 정보를 언어 학습 영역으로 옮길 수 있다.

* intact 온전한, 손대지 않은   hemisphere (뇌의) 반구   connect 연결하다   therefore 그래서   transfer 전달하다

After
▼

Children learn **living** language. Parents don't teach their **growing kids**. However, the kids learn it. It is because the **specialized** part of the brain is intact and the **gapped** hemispheres are connected. Therefore, children can easily memorize the **learned** words and the **written** sentences, and transfer the **collected** information to the **actively functioning** language learning area.

아이들은 **살아있는** 언어를 배운다. 부모는 그들의 **자라는** 아이들을 가르치지 않는다. 그러나, 아이들은 그것을 배운다. 그 이유는 뇌의 **전문화된(특수한)** 부분이 온전하고, **틈이 벌어진** 뇌의 반구(왼쪽과 오른쪽 뇌)가 연결되어 있기 때문이다. 따라서 아이들은 **배운** 단어와 **쓰인** 문장을 쉽게 외울 수 있으며, **수집된** 정보를 **활발하게 기능하는** 언어 학습 영역으로 옮길 수 있다.

* specialize 전문적으로 다루다   gap 틈이 벌어지다   collect 수집하다   actively 활발하게   function 기능하다

과거분사와 현재분사를 사용하여 명사를 수식하자 글의 수준이 높아진 것을 알 수 있어요. 앞으로 여러분도 말을 하거나 글을 쓸 때 과거분사와 현재분사를 사용하여 말과 글을 보다 풍요롭게 꾸며 보세요.

be동사가 과연 쉬울까?

be동사는 누구나 잘 안다고 생각하지만, 막상 물어보면 잘 모르는 부분이 있어요.
be동사의 기초부터 헷갈리는 부분까지 살펴보면서, 자신이 잘 모르는 부분을 찾아보세요.

1 be동사의 종류

be동사는 6개밖에 없어요. 현재형인 am, are, is와 과거형인 was, were가 있어요. 나머지 하나는 무엇일까요? 바로 원형인 be예요. 이렇게 총 6개를 정리해 두세요.

	현재형(~이다)	과거형(~이었다)	원형
I (1인칭 단수)	am	was	be
You (2인칭 단수)	are	were	
He, She, It (3인칭 단수)	is	was	
We, You, They (각 인칭의 복수)	are	were	

모든 동사는 과거분사와 현재분사로 고칠 수 있어요. be동사도 마찬가지입니다. be동사의 과거분사는 -en이 붙은 **been**(있는, 존재하는, 어떤 상태에 있게 된)이고, be동사의 현재분사는 -ing가 붙은 **being**(있는 중인, 존재하고 있는 중인, 어떤 상태에 있는 중인)입니다.

be동사의 과거분사	**been**	I have **been** there. 나는 거기에 가본 적이 있다. I have **been** studying. 나는 계속 공부해 오고 있다.
be동사의 현재분사	**being**	She is **being** picky. 그녀는 까다롭게 굴고 있다. The bench is **being** painted. 그 벤치는 페인트칠되고 있다.

② be동사의 세 가지 뜻

be동사는 다음 세 가지 뜻으로 쓰여요. be동사가 세 가지 뜻 중에 무엇으로 쓰였는지는 단어만 봐서는 알 수 없고, 문맥을 통해 알 수 있어요.

(1) ~이다/이었다

> You **are** attractive. 너는 매력적**이다**.
> You **were** attractive. 너는 매력적**이었다**.

(2) ~에 있다/있었다

> I **am** in the car. 나는 차 안에 **있다**.
> I **was** in the car. 나는 차 안에 **있었다**.

(3) ~이 되다/되었다

> I want to **be** a chairperson. 나는 회장이 **되고** 싶다.
> Her success **was** a role model. 그녀의 성공은 본보기가 **되었다**.
> = Her success **became** a role model.

위 세 가지 뜻 중에서 사용 빈도가 가장 적은 것은 무엇일까요? 그것은 (3)번이에요. 왜냐하면 일반적으로 '되다'라는 의미로는 become을 많이 사용하기 때문이에요.

③ be동사는 주어에 따라 결정된다

be동사는 주어의 수(단수, 복수)와 인칭(1, 2, 3인칭)에 따라 어떤 be동사를 쓸지 정해져 있어요. I 뒤에는 am이나 was를 쓰고, You 뒤에는 are나 were를 쓰는 식으로요. 주어와 be동사를 한꺼번에 외워 두세요.

주어 + be동사(현재/과거)	
I **am/was**	○ 1인칭 단수
You **are/were**	○ 2인칭 단수/복수
He, She, It **is/was**	○ 3인칭 단수
We **are/were**	○ 1인칭 복수
They **are/were**	○ 3인칭 복수

그럼 The car 뒤에는 무슨 be동사를 써야 할까요? The car는 It(그것)으로 받을 수 있으므로 It(그것) 뒤에 쓰는 is/was를 쓰면 됩니다. 복수 The cars는 They(그들, 그것들)로 받을 수 있으므로 They(그들, 그것들) 뒤에 쓰는 are/were를 쓰면 되겠죠.

주어 + be동사(현재/과거)	
The car **is/was**	○ The car는 It의 개념으로 보면 됨
The cars **are/were**	○ The cars는 They의 개념으로 보면 됨
Jane **is/was**	○ Jane은 She의 개념으로 보면 됨
People **are/were**	○ People은 They의 개념으로 보면 됨
A person **is/was**	○ A person은 He/She의 개념으로 보면 됨

④ 나의 be동사 활용지수는?

다음 빈칸에 알맞은 be동사를 넣으면서 여러분의 be동사 실력을 가늠해 보세요.

❶ _____ quiet! 조용히 해!

❷ I want to _____ a teacher. 나는 선생님이 되고 싶어요.

❸ He will _____ a teacher. 그는 선생님이 될 것이다.

❹ Jane or I _____ responsible. Jane 아니면 나에게 책임이 있다.

❺ Jane and I _____ responsible. Jane과 나에게 책임이 있다.

❻ Who _____ responsible? 누가 책임이 있어?

❼ _____ you Korean? 너는 한국인이야?

❽ _____ it expensive? 그것은 비싸?

모두 넣어 봤나요? 이제 다음에 나온 정답을 확인하면서 자신이 쓴 것과 비교해 보세요.

❶ **Be** quiet! 조용히 해!
  ○ You are quiet!을 강조하기 위해 are 대신 be를 사용하고 You를 생략한다.

❷ I want to **be** a teacher. 나는 선생님이 되고 싶어요.
  ○ to부정사 뒤에는 동사원형을 써야 하므로 be를 쓴다.

❸ He will **be** a teacher. 그는 선생님이 될 것이다.
  ○ 조동사 뒤에는 동사원형을 써야 하므로 be를 쓴다.

❹ Jane or I **am** responsible. Jane 아니면 나에게 책임이 있다.
  ○ or로 연결된 주어는 be동사에 가까운 주어에 따라 be동사가 결정된다.

❺ Jane and I **are** responsible. Jane과 나에게 책임이 있다.
  ○ and로 연결된 주어는 복수로 취급해서 are를 쓴다.

❻ Who **is/are** responsible? 누가 책임이 있어?
  ○ 주어 who가 단수인지 복수인지에 따라서 is와 are 모두 가능하다. 보통 단수 is를 많이 쓴다.

❼ **Are** you Korean? 너는 한국인이야?
  ○ you와 함께 쓰는 be동사는 are이다. be동사를 문장 맨 앞으로 보내면 의문문이 된다.

❽ **Is** it expensive? 그것은 비싸?
  ○ it과 함께 쓰는 be동사는 is이다. be동사를 문장 맨 앞으로 보내면 의문문이 된다.

위 문제 중 몇 개를 맞혔나요? 쉽다고 생각했던 be동사지만 어려운 문제가 있었을 거예요. be동사는 사용 빈도가 무척 높으므로 이번 기회에 잘 정리해 두세요.

⑤ be동사의 4가지 쓰임

be동사를 쓸 수 있는 자리는 다음과 같이 4군데입니다. be동사를 다음 위치에 모두 쓸 수 있는지 없는지에 따라 영어 실력에 큰 차이가 납니다. 영어를 잘하고 싶다면 다음 위치에 be동사를 쓸 수 있어야 해요.

❶ **명사 앞**

He **is** my friend. 그는 나의 친구이다.
　　　　명사

❷ **형용사 앞**

It **is** cheap. 그것은 저렴하다.
　　　형용사

❸ **전치사 앞**

I **am** in the class. 나는 교실 안에 있다.
　　　전치사

❹ **현재분사와 과거분사 앞**

He **is** singing. 그는 노래하는 중이다.　　◯ be동사 + 현재분사 → 진행형
　　　현재분사

He **is** cheated. 그는 속임을 당했다(그는 속았다).　　◯ be동사 + 과거분사 → 수동태
　　　과거분사

❹번처럼 be동사가 현재분사와 함께 쓰이면 '**진행형**'이 만들어지고, be동사가 과거분사와 함께 쓰이면 '**수동태**'가 만들어집니다.

be동사를 배웠으면 이렇게 네 자리에 쓸 수 있어야 해요. 특히 전치사와 분사 앞에 be동사를 쓰면 글의 수준이 높아지므로 앞으로 자주 사용해 보세요.

개념 정리 Quiz

1 각 주어 뒤에 쓸 수 있는 be동사의 현재형과 과거형을 쓰세요.

(1) He _____ (2) We _____

(3) I _____ (4) It _____

(5) They _____ (6) You _____

(7) Tom _____ (8) The children _____

2 다음 빈칸에 쓸 단어 중 바르게 짝지어진 것을 고르세요.

> I _____ in your shoes because we _____ in the same boat.
> 나도 네 입장에 있어. 왜냐하면 우리는 같은 처지에 놓여 있기 때문이야.

① am, were ② was, were
③ was, are ④ am, are

3 내용상 올바른 be동사로 짝지어진 것을 고르세요.

> I want to _____ like you. You _____ my model so I should _____ with you.
> 나는 너처럼 되고 싶어. 너는 나의 본보기라서 나는 너와 함께 있어야 해.

① am, are, be ② be, are, am
③ be, are, be ④ be, were, been

4 다음 빈칸에 알맞은 be동사로 짝지어진 것을 고르세요.

> • Kelly or I _____ in charge.   Kelly 아니면 내가 책임자다.
> • _____ Kelly and I in charge? Kelly와 내가 책임이 있다고?

① am – Am ② am – Are
③ are – Am ④ is – Are

* be in the same boat 같은 처지에 있다   model 모델, 본보기   be in charge 담당하다, 책임이 있다

Practice

A be동사를 찾아서 밑줄을 치고, 문장을 해석하세요.

1 You and I are in the same group.
→ _____

2 He is a kind and warm person.
→ _____

3 This book is popular to teachers and students.
→ _____

4 I am taking a note.
→ _____

5 She was planning to start over.
→ _____

B 밑줄 친 부분을 be동사로 바꿔서 영어로 옮기세요.

6 그것은 무료<u>이다</u>. (현재)
→ _____ free.

7 그들은 지원해 주었고 사려 깊<u>었다</u>. (과거)
→ _____ supportive and considerate.

8 너 아니면 그가 이 방에 <u>있었어</u>. 내가 틀렸어? (현재)
→ _____ in this room. _____ wrong?

9 나의 친구와 나는 서로 돕고 <u>있다</u>. (현재)
→ _____ helping each other.

10 그 아니면 내가 다음 후보자로 <u>여겨진다</u>. (현재)
→ Either _____ considered to be the next candidate.

LESSON 37 • 171

'~당하다'라는 말은 이렇게 만들어졌다

be동사는 과거분사와 만나서 새로운 말을 만들어요.
be동사와 과거분사가 어떻게 연결되는지 확인해 봅시다.

1 be동사 + 과거분사

be동사와 형용사가 만나면 다음과 같은 말이 만들어져요.

> It is big. 그것은 크다.
>   └be동사 └형용사

과거분사도 형용사이므로 과거분사 앞에 be동사를 쓰는 것은 쉬운 일입니다.

> It is fixed. 그것은 고쳐진다.
>   └be동사 └과거분사
>
> You are expected. 너는 기대된다.
>   └be동사 └과거분사

2 <be동사 + 과거분사>는 회화체 말투

〈be동사+과거분사〉는 '~당하다'라는 뜻으로, 탓하거나 책임을 전가하는 어감을 가지고 있어서 다소 부정적인 뉘앙스가 느껴져요. 그래서 초기에는 속어로 여겨져서 주로 격식 없는 구어체로 쓰였어요.

〈be동사+과거분사〉의 영어 이름을 들여다보면 그 색깔을 더 잘 알 수 있어요. 〈be동사+과거분사〉 형태를 영어로 passive voice라고 합니다. 이름에 voice(음성, 소리내다, 말투)가 붙은 이유는 이 표현이 speaking 전용이었기 때문이에요. 따라서 〈be동사+과거분사〉 형태를 writing에서는 너무 자주 쓰지 않는 것이 좋습니다. passive voice를 우리말로 번역할 때 passive는 '수동적인'이고 voice는 '말의 형태'여서 '수동태'라고 옮겨졌어요.

> 〈be동사+과거분사〉: passive voice → 수동적인 말의 형태 → 수동태

be동사와 과거분사가 없으면 수동태를 만들 수 없어요. 이렇게 연관된 문법을 **package grammar**(하나로 포장된 문법)라고 불러요. 지금까지는 be동사, 과거분사, 수동태를 별개의 문법으로 알고 있었다면, 앞으로는 한 묶음으로 기억해 두세요.

③ 수동태 문장 만들기

수동태를 배웠으니까 이제 수동태 문장을 만들어 봐요.

reserve는 '예약하다'라는 뜻이에요. '예약된'이라고 말하려면 과거분사 reserved를 만듭니다. 과거분사 reserved는 형용사니까 앞에 be동사를 붙일 수 있어요. 주어로 the seat를 쓰면 be동사는 is나 was를 쓰면 됩니다. 이렇게 하면 수동태 문장이 만들어집니다. 몇 개 더 만들어 볼까요?

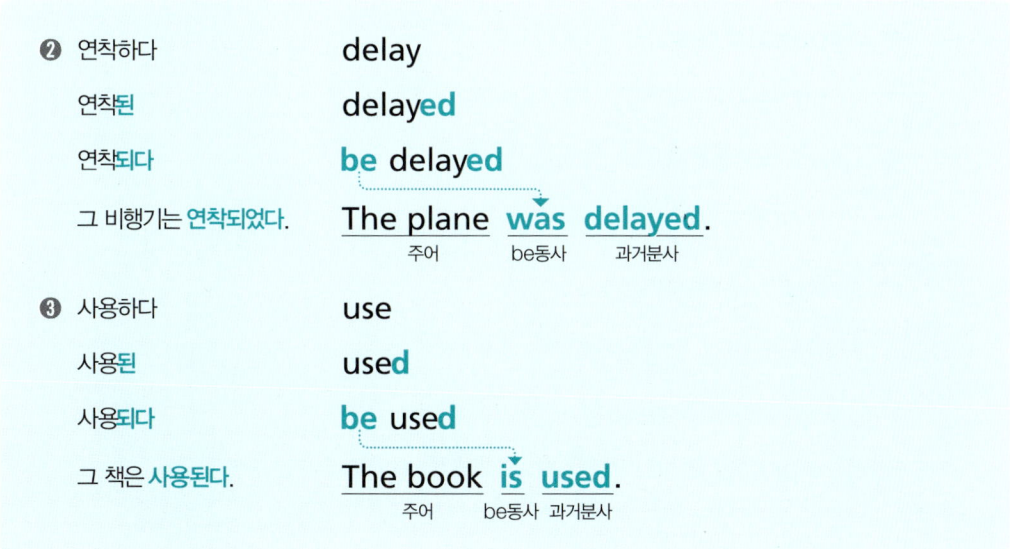

④ 수동태 문장 → 과거분사 + 명사로 바꾸기

The seat was reserved.라는 수동태 문장을 〈과거분사+명사〉 형태로 바꿀 수 있을까요?

❶ The **seat** was **reserved**. → the **reserved**(과거분사) **seat**(명사) 예약된 자리

❷ The **plane** was **delayed**. → the **delayed**(과거분사) **plane**(명사) 연착된 비행기

❸ The **book** is **used**. → the **used**(과거분사) **book**(명사) 사용된 책

이처럼 모든 수동태 문장은 〈과거분사+명사〉 형태로 바꿀 수 있어요. 또한 모든 〈과거분사+명사〉는 수동태 문장으로 바꿀 수 있어요.

⑤ 과거분사 + 명사 → 수동태 문장으로 바꾸기

이번에는 〈과거분사+명사〉를 수동태 문장으로 바꿔 봐요. 명사를 주어로 쓰고, be동사를 현재 또는 과거 시제로 사용하여 문장을 만들면 됩니다.

❶ **expected results** 기대된 결과들
→ The **results were expected**. (과거) 그 결과들이 기대되었다.

❷ **changed plans** 변경된 계획들
→ The **plans are changed**. (현재) 계획들이 변경된다.

❸ **saved money** 절약된 돈
→ The **money was saved**. (과거) 돈이 절약되었다.

❹ **completed projects** 완수된 프로젝트들
→ The **projects were completed**. (과거) 프로젝트들이 완수되었다.

❺ **ordered items** 주문된 물품들
→ The **items are ordered**. (현재) 물품들이 주문된다.

개념 정리 Quiz

1 다음 중 틀린 설명을 고르세요.

① '~당하다'라고 해석되는 문법을 '수동태'라고 한다.
② 수동태는 speaking보다 writing에서 더 많이 쓴다.
③ '~당하다'라고 말하기 위해서는 be동사와 과거분사가 필요하다.
④ 모든 과거분사 앞에는 be동사를 붙일 수 있다.

2 다음 〈보기〉의 순서대로 수동태 문장을 만드세요. [주어는 it, 현재 시제]

〈보기〉 fix → fixed → be fixed → It is fixed.

(1) record → _____
(2) remove → _____

3 빈칸에 들어갈 올바른 말을 고르세요.

The souvenir _____ in Thailand.
그 기념품은 (과거에) 태국에서 만들어진 거야.

① made ② was made
③ is made ④ was making

4 〈보기〉처럼 〈과거분사+명사〉를 수동태 문장으로 고쳐 쓰세요. [과거 시제 사용]

〈보기〉 the improved skill → The skill was improved.

(1) the announced news → _____
(2) the enclosed letter → _____
(3) the planted trees → _____
(4) the opened cover → _____
(5) the dropped dishes → _____

* souvenir 기념품 announce 발표하다 enclose 동봉하다

Practice

A 수동태 표현(be동사+과거분사)을 찾아서 밑줄을 치고, 문장을 해석하세요.

1. Two cars are parked in front of the gate.
   → _____

2. The land was developed and used as the public park.
   → _____

3. It is considered as a new method.
   → _____

4. The building was designed in 2008 and built in 2018.
   → _____

5. I was told to give this to you.
   → _____

B 수동태를 이용하여 다음을 영어로 옮기세요.

6. 그는 (과거에) 여러 번 지명되었다. (nominate)
   → _____ several times.

7. 그 얼룩들은 (현재) 쉽게 제거되지 않는다. (stains, remove)
   → _____ easily.

8. 내 영어 실력이 (과거에) 이 책으로 향상되었다. (skill, improve)
   → _____ with this book.

9. 그 계산서는 (과거에) 그에 의해서 이미 지불되었다. (bill, already, pay)
   → _____ by him.

10. 결혼식을 위한 시간이 (현재) 정해졌어요. (the time, fix)
    → _____ for the wedding.

<be동사+과거분사>는 강조의 말투

앞에서 <be동사+과거분사> 형태를 '수동태'라고 부른다고 배웠어요.
그럼 수동태는 어떤 상황에서 사용하는 걸까요?

1 목적어(명사)를 강조하는 방법

(1) 다음은 영어의 가장 이상적인 단어 배열에 맞춰진 문장이에요. 이 문장에서 목적어인 the trainees를 강조하고 싶다면 어떻게 해야 할까요?

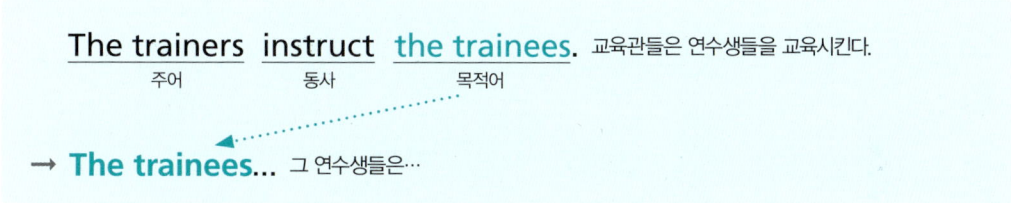

영어는 중요하고 강조하고 싶은 것을 문장 맨 앞으로 보내는 특징이 있으므로, 강조하고 싶은 목적어 the trainees를 문장 맨 앞으로 옮기면 됩니다.

(2) 주어 뒤에는 동사를 써야 하는데 어떤 형태로 넣어야 할까요?

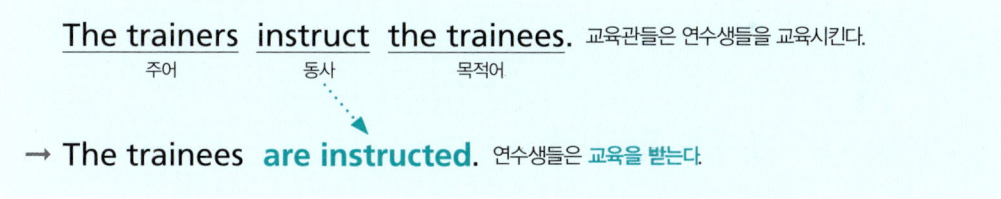

trainers(교육관들)는 교육을 시키지만, trainees(연수생들)는 교육을 받으므로 동사를 '~당하다/받다' 라는 의미로 바꿔야 해요. 따라서 <be동사+과거분사> 형태인 **be instructed**로 바꿔야 말이 됩니다. 주어가 복수이고 원래 문장의 시제가 현재형이므로 are을 써서 **are** instructed라고 하면 됩니다.

(3) 기존 문장의 주어인 the trainers는 어떻게 넣어야 할까요?

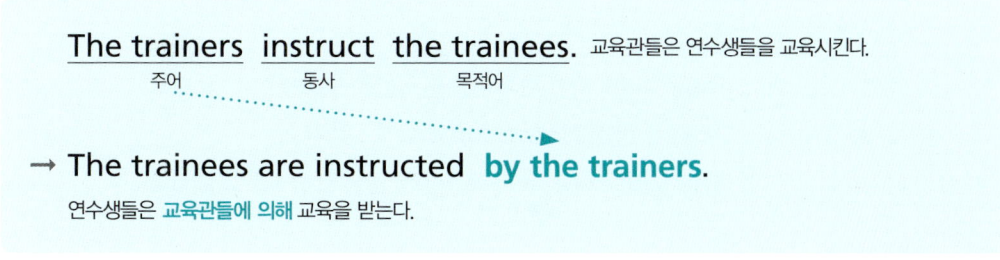

LESSON 39 • 177

'~에 의해서'라는 뜻의 전치사 by를 이용해서 문장 끝에 붙입니다. 이렇게 하면 〈주어 + 동사 + 목적어〉 문장이 수동태 문장으로 바뀌게 됩니다.

② 수동태 문장을 만드는 방법

수동태 문장을 만드는 방법을 다시 정리해 볼게요.

> 1) 영어는 중요하고 강조하고 싶은 것을 앞으로 보내므로, 목적어를 강조하고 싶으면 목적어를 문장 맨 앞으로 보냅니다.
> 2) 동사는 '~당하다/받다'로 고쳐야 말이 되므로 〈be동사+과거분사〉를 사용하고
> 3) 누구에 의해 이루어지는지 알려주기 위해 기존 주어를 by(~에 의해서) 뒤에 넣습니다.

약간 어렵게 들릴 수 있겠지만 문법적으로 설명해 볼게요.

> 1) 능동태 〈주어 + 동사 + 목적어〉의 목적어를 수동태의 주어로 바꾸고,
> 2) 능동태 〈주어 + 동사 + 목적어〉의 동사를 〈be동사+과거분사〉로 바꾸고,
> 3) 능동태 〈주어 + 동사 + 목적어〉의 주어를 〈by+명사〉로 만들어서 문장 끝에 붙여요.

그런데 굳이 수동태를 만드는 이유가 뭘까요? 그것은 바로 목적어를 강조하기 위해서예요. 그러므로 글을 쓸 때 수동태를 너무 많이 쓰면 잘 쓴 글이 아니에요. 수동태 문장을 자주 쓰면 지나치게 강조하거나 과장된 느낌을 주기 때문이에요.

③ 수동태 문장 만드는 연습하기

좀 더 연습해 볼까요? 다음 문장의 목적어를 강조하기 위해 문장을 수동태로 바꿔 보세요.

> ❶ **The tourists surprised local people.**
> 관광객들은 현지인들을 놀라게 했다.
>
> → **Local people were surprised by the tourists.**
> 현지인들은 관광객들에 놀랐다.   ◐ local people을 강조하는 수동태 구문

1) 목적어인 local people을 강조하기 위해 문장 맨 앞으로 보내고,
2) 동사를 〈be동사+과거분사〉 형태인 were surprised로 바꾸고,
3) 기존 문장의 주어인 the tourists를 by 뒤에 붙여서 문장 맨 끝으로 보냅니다.

❷ **The hair designer dyed my hair.**
헤어디자이너는 내 머리를 염색했다.

→ **My hair was dyed by the hair designer.**
내 머리는 헤어디자이너에 의해서 염색되었다.

◯ my hair를 강조하는 수동태 구문

1) 목적어인 my hair를 강조하기 위해 문장 맨 앞으로 보내고,
2) 동사를 〈be동사+과거분사〉 형태인 was dyed로 바꾸고,
3) 기존 문장의 주어인 the hair designer를 by 뒤에 붙여서 문장 맨 끝으로 보냅니다.

다음 문장도 수동태로 고칠 수 있을까요?

❸ **The beautiful spring came.** 아름다운 봄이 왔다.

위 문장은 목적어가 없기 때문에 수동태로 고칠 수 없습니다. 즉, 강조할 단어가 없기 때문에 앞으로 보낼 것이 없는 거지요.

④ 목적어가 2개인 수여동사

다음 동사들은 공통적으로 '~에게 ~을 (해) 주다[수여하다]'라는 식으로 해석이 됩니다. 이러한 해석상의 특징 때문에 '수여동사'라는 이름이 붙었어요.

수여동사 (뭔가를 **주는** 동사)

give 주다	send 보내 주다	tell 말해 주다
teach 가르쳐 주다	pay 지불해 주다	lend 빌려 주다
make 만들어 주다	buy 사 주다	cook 요리해 주다

수여동사를 사용한 문장은 다음과 같이 2가지 어순을 이룹니다.

　　주어 + 수여동사 + 받는 사람 + 사물　　　　◯ 4형식
= 　주어 + 수여동사 + 사물 + 전치사(to, for, of) + 받는 사람　　◯ 3형식

4형식 문장을 3형식 문장으로 바꿔 볼까요? 이때 전치사는 내용에 따라 다음과 같이 쓸 수 있습니다.

4형식	3형식
❶ He sent me roses.	He sent roses to me. ○ to: 방향
❷ She tells me the truth.	She tells the truth to me. ○ to: 방향
❸ I'll make you a cake.	I'll make a cake for you. ○ for: 이익, 보살핌
❹ I bought her a book.	I bought a book for her. ○ for: 이익, 보살핌
❺ He asked me a question.	He asked a question of me. ○ of: 질문

❶ 그는 내게 장미를 보내 줬다. ❷ 그녀는 내게 진실을 말한다. ❸ 나는 너에게 케이크를 만들어 줄 거야.
❹ 나는 그녀에게 책을 사 줬다. ❺ 그는 내게 질문을 했다.

⑤ 수여동사 문장을 수동태로 고치는 법

수여동사가 쓰인 4형식 문장에는 '간접목적어(받는 사람)'와 '직접목적어(물건, 사물)'가 있습니다.

<u>Someone</u> <u>gave</u> <u>me</u> <u>money</u>. 누군가 나에게 돈을 줬다.
　주어　　동사　간접목적어 직접목적어

목적어가 2개 있는 문장을 목적어를 강조한 수동태 문장으로 만들고 싶을 때는 어떻게 해야 할까요? 다음과 같이 두 가지로 바꿀 수 있습니다.

(1) 직접목적어 money를 강조할 때

money를 me보다 앞에 써서 강조할 수 있습니다.

　　Someone gave me <u>money</u>. 누군가 나에게 돈을 줬다.
→ Someone gave <u>money</u> to me. 누군가 나에게 돈을 줬다.

money를 더 강조하려면 목적어인 money를 맨 앞에 써서 수동태 문장으로 바꿉니다.

　　Someone gave me <u>money</u>. 누군가 나에게 돈을 줬다.
→ <u>Money</u> was given to me by someone. 돈이 누군가에 의해서 나에게 주어졌다.

1) 목적어인 money를 강조하기 위해 문장 맨 앞으로 보내고,
2) 동사를 〈be동사+과거분사〉 형태인 was given으로 바꾸고,
3) 누구에게 주어졌는지 방향을 알려주기 위해서 전치사 to(~에게)를 쓰고,
4) 기존 문장의 주어인 someone을 by 뒤에 붙여서 문장 맨 끝으로 보냅니다.

(2) 간접목적어 me를 강조할 때

> Someone gave me money. 누군가 나에게 돈을 줬다.
> → Me was given money by someone. (✗) 나는 누군가에 의해서 돈이 주어졌다.
>   ◐ Me는 주어로 쓸 수 없으므로 I로 바꾼다.
> → I was given money by someone. (○) 나는 누군가에 의해서 돈이 주어졌다.

1) 목적어인 me를 강조하기 위해 문장 맨 앞으로 보내고, me를 주격 I로 바꿉니다.
2) 동사를 〈be동사+과거분사〉 형태인 was given로 바꾸고,
3) 기존 문장의 주어인 someone을 by 뒤에 붙여서 문장 맨 끝으로 보냅니다.

6 전치사 by를 항상 써야 할까?

수동태 문장에서 by~는 내용상 누구에 의해 일어난 것인지 알려줄 필요가 있을 때만 쓰면 됩니다. 즉, 누구에 의해 일어난 것인지 알려줄 필요가 없을 때는 by~를 생략해도 되고, 전달하는 내용에 따라서 by 대신 다른 전치사를 사용할 수도 있어요. 또한 by~는 문장 맨 앞으로 보내서 강조해도 문법에 전혀 영향을 주지 않아요.

> ❶ The Golden Gate Bridge was built by many Chinese immigrants.
>   금문교는 많은 중국 이민자들에 의해서 세워졌다.
>   ◐ 누가 지었는지 알려주려면 by~를 넣는다.
>   * immigrant 이민자
>
> ❷ The Golden Gate Bridge was built.
>   금문교는 건설되었다.
>   ◐ 누가 지었는지 알려줄 필요가 없으면 by~를 생략한다.
>
> ❸ The Golden Gate Bridge was built in San Francisco.
>   금문교는 샌프란시스코에 건설되었다.
>   ◐ 어디에 지어졌는지 알려주려면 전치사 in을 사용한다.

미국에 있는 금문교를 설명하면서 누가 지었는지 알려줄 필요가 있다면 ❶번과 같이 by~를 써서 말합니다. 하지만 금문교를 누가 세웠는지 모두 알고 있거나 내용상 중요하지 않다고 판단될 때는 ❷번 같이 by~를

쓸 필요가 없습니다. 누가 지었는지보다 어디에 지었는지 말하고 싶다면 ❸번처럼 전치사 in을 써서 연결하면 됩니다.

❹ **The temple was destroyed in 1700.**
그 사원은 1700년에 파괴되었다.
　◯ 누가 파괴했는지 모르거나 중요하지 않을 때는 by~를 생략한다.
　◯ 언제 파괴되었는지 알려주려면 전치사 in을 사용한다.
　　　* destroy 파괴하다

❺ **The temple was destroyed by an earthquake in 1700.**
그 사원은 1700년에 지진에 의해서 파괴되었다.
　◯ 그 사원을 누가 파괴했는지 알려주려면 by~를 넣는다.

❻ **By an earthquake the temple was destroyed in 1700.**
지진에 의해서 그 사원은 1700년에 파괴되었다.
　◯ by~를 강조할 경우 문장 맨 앞으로 보낸다.

❼ **In 1700 the temple was destroyed by an earthquake.**
1700년에 그 사원은 지진에 의해서 파괴되었다.
　◯ in 1700을 강조할 경우 문장 맨 앞으로 보낸다.

사원이 누구에 의해 파괴되었는지 알려주려면 by~를 붙여 줘야 하지만, 누구에 의해 파괴되었는지가 아니라 언제 파괴되었는지가 중요하다면 in을 넣으면 됩니다.

❽ **The coffee was imported from Mexico.**
그 커피는 멕시코에서 수입되었다.
　◯ 누가 수입하는지 중요하지 않은 경우 by~를 생략한다.
　◯ 어디에서 수입되었는지 알려주려면 전치사 from을 사용한다.

❾ **The coffee was imported by my brother from Mexico.**
그 커피는 멕시코에서 나의 형/동생에 의해서 수입되었다.
　◯ 누가 수입했는지 알려주려면 by~를 넣는다.

❿ **By my brother the coffee was imported from Mexico.**
나의 형/동생에 의해서 그 커피는 멕시코에서 수입되었다.
　◯ by~를 강조할 경우 문장 맨 앞으로 보낸다.

⓫ **From Mexico the coffee was imported by my brother.**
멕시코에서 그 커피는 나의 형/동생에 의해서 수입되었다.
　◯ from Mexico를 강조할 경우 문장 맨 앞으로 보낸다.

앞으로는 수동태 문장에서 by를 꼭 써야 한다는 압박감을 버리고 상황에 따라 다른 전치사들도 유연하게 사용하도록 하세요.

개념 정리 Quiz

1 다음 중 수동태에 대한 설명으로 틀린 것을 고르세요.

① 수동태를 많이 쓸수록 좋은 글이다.
② 능동태에 목적어가 없으면 수동태로 고칠 수 없다.
③ 능동태의 주어를 수동태에서는 주로 by를 사용해서 연결한다.
④ 수동태는 목적어를 강조하기 위한 형태이다.

2 수동태 뒤에 나오는 by에 대해서 잘못 설명하고 있는 것은 무엇인가요?

① by는 주로 '~에 의해서'라고 해석한다.
② 누구에 의해서 일어난 것인지 알려줄 필요가 없을 때는 by~를 생략한다.
③ 수동태에 by 이외에 다른 전치사는 쓸 수 없다.
④ by~를 강조할 경우 문장 맨 앞에 쓸 수 있다.

3 목적어를 강조하기 위해 수동태 문장으로 바르게 바꾼 것을 고르세요.

> The automated machine monitored the process.

① The process is monitored by the automated machine.
② The process is monitoring by the automated machine.
③ The process was monitored by the automated machine.
④ The process was monitoring by the automated machine.

4 밑줄친 목적어를 강조한 문장으로 고쳐 쓰세요.

(1) The architect built <u>this house</u> about 200 years ago.
→ _____

(2) Jack returned <u>this book</u> to the library on Friday.
→ _____

(3) Our summer school offers <u>English courses</u> from July.
→ _____

* monitor 모니터하다, 감시하다   automated 자동화된   architect 건축가

Practice

A 수동태 표현(be동사+과거분사)을 찾아서 밑줄을 치고, 문장을 해석하세요.

1 This text message was sent by my boyfriend.
   → _____

2 Tony is informed about the meeting by the counselor.   *counselor 상담사
   → _____

3 They were told about some changes in plans by a head teacher.
   *head teacher 교장
   → _____

4 Students are carefully tested every week.
   → _____

5 The door was automatically locked. I am locked.
   → _____

B 수동태를 이용하여 다음을 영어로 옮기세요.

6 나는 (과거에) Sam에 의해서 그 파티에 초대되었다. (invite, to, party)
   → _____

7 Joyce는 (미래에) 그녀의 남편에게서 사랑을 받을 것이다. (love, husband)
   → _____

8 나는 (과거에) 그에게서 정말 위로를 받았다. (really, encourage)
   → _____

9 아이들은 (현재) 자격이 있는 선생님들에 의해서 교육받는다. (taught, qualified)
   → _____

10 이 편지는 (과거에) 부서장에 의해서 사무실로 발송되었다. (sent, office, department head)
   → _____

항상 수동태로 쓰이는 표현들

영어 표현 중에는 수동태를 쓰기로 작정한 것들이 있어요. 이 표현들은 통째로 외워서 항상 수동태로 써야 합니다. Writing이나 Speaking에서 사용 빈도수가 높은 표현들이므로 꼭 외워 두세요.

(1) be interested in… ~에 관심이[흥미가] 있다

'~에 관심이[흥미가] 있다'라고 말하려면 수동태 표현인 be interested in…을 쓰면 됩니다. 어떤 분야 **안에** 관심이 있다는 것이므로 전치사 **in**(~안에)을 씁니다. 예문을 통해 확인해 보세요.

❶ I **am interested in** Korean music. 나는 한국 음악에 흥미가 있다.
❷ He **is interested in** me. 그는 나에게 관심이 있다.
❸ Jack **is interested in** you. Jack이 너에게 관심이 있다.

(2) be satisfied with… ~에 만족하다

'~에 만족하다'라고 말할 때는 수동태 be satisfied 뒤에 전치사 **with**(~와 함께, ~을 가지고)를 연결해서 말해요. 표현을 통째로 외워 두세요.

❶ He **is satisfied with** the result. 그는 그 결과에 만족한다.
❷ I **am satisfied with** my salary. 나는 나의 월급에 만족한다.
❸ I **am satisfied with** this class. 나는 이 수업에 만족한다.
❹ I **am satisfied with** the program. 나는 그 프로그램에 만족한다.

(3) be lost 길을 잃다

'길을 잃었다'를 영어로 말할 때 I lost.라고 하면 안 돼요. 영어 문화권에서는 길이 낯설고 복잡해서 내가 방향을 '잃게 되었다[당했다]'라고 생각하기 때문에 수동태를 써서 I am lost.라고 말합니다.

❶ I don't know where I am. I **am lost**. 내가 어디에 있는지 모르겠어. 길을 잃었어.
❷ We **are lost**. 우리는 길을 잃었다.
  cf.) I **lost my way**. 나는 내 인생을 어떻게 살아야 할지 모르겠다.

만약 I lost my way.라고 말하면 '내 삶의 길을 잃었다.(무엇을 해야 할지 불확실하다.)'라는 말이 돼 버립니다. 길을 잃었다고 할 때는 꼭 수동태 표현인 be lost를 쓰도록 하세요.

(4) be gone 사라지다, 없어지다

> ❶ I can't find the purse. It **is gone**. 나는 그 지갑을 찾을 수가 없다. 그것은 없어졌다.
> ❷ It will **be gone**. 그것은 사라질 것이다.

❷번의 경우 조동사 will이 있기 때문에 원형인 be가 쓰인 거예요. 참고로 purse는 '여성용 지갑'이고, '남성용 지갑'은 wallet이라고 합니다.

(5) be finished with… ~을 끝내다

상대방에게 뭔가를 끝냈는지 물어볼 때 Are you finished with…?라고 물어보면 아주 편합니다. 통째로 외워 두세요. 전치사 **with**(~와 함께)를 쓰는 이유는 너와 함께 존재하던 그 일을 끝냈는지 물어보기 때문입니다.

> ❶ **Are you finished with** your homework? 너 숙제 끝냈어?
> ❷ **Are you finished with** your singing? 너 노래하는 것 끝냈어?
> ❸ **Are you finished with** your newspaper? 너 신문 다 읽었어?

(6) be done (with)… ~을 끝내다

be finished with…가 정식의 표현이라면 be done with…는 약식의 표현입니다. speaking 때는 약식 표현인 be done with…도 많이 사용됩니다. 상황에 따라 with 없이 다음과 같이 쓰이기도 합니다.

> A: **Are** you **done**? 너 끝났어?
> B: (**I am**) **Done**. 끝났어.

(7) be married to… ~와 결혼하다

기독교 문화권(미국을 비롯한 유럽 나라들)에서는 태초에 하나님이 아담과 이브를 만들어서 결혼을 시켰다고 믿어요. 하나님이 이브를 만들어서 아담과 살게 만들었으므로 아담과 이브 입장에서는 '결혼을 당하는 것'이었어요. 그래서 영어로 '결혼하다'를 말할 때 **be married**라고 수동태를 쓰는 겁니다. '~와 결혼하다'

를 영어로 말할 때 우리나라 사람들은 be married with...를 쓰는 경우가 많은데 이는 틀린 표현입니다. 하나님에 의해 방향이 정해졌기 때문에 방향을 나타내는 전치사 to(~에/로/에게)를 써서 be married to...라고 한다는 점을 주의하세요.

> ❶ Jack is married to Cindy. Jack은 Cindy와 결혼했다. ◯ 결혼한 상태를 말함
> cf.) Jack is getting married to Cindy next week. ◯ 결혼하는 과정을 말함
> Jack은 Cindy와 다음 주에 결혼할 거야.

be married to...는 결혼한 상태를 말합니다. 결혼이 이루어지는 과정/절차/행위를 말하려면 get married to...를 써야 해요.

(8) be surprised by… ~에 놀라다

놀라움을 당할 때 쓰는 표현입니다. 다른 사람을 놀라게 한 것이 아니라 반대로 놀라움을 겪었을 때 쓰면 됩니다.

> ❶ I was surprised by the news. 나는 그 소식에 놀랐다.
> ❷ We are surprised by the result. 우리는 그 결과에 놀라고 있어.

(9) be disappointed with/by… ~에 실망하다

원하지 않는 결과로 인해서 실망을 할 때 쓰는 표현입니다. 내가 누군가를 실망시키는 것이 아니라 반대로 내가 실망을 겪는 상황이에요. with는 주어진 상태나 결과에 대한 실망이고, by는 누군가의 행동이나 말에 대한 실망입니다. 하지만 with와 by의 명확한 구분이 모호할 때가 많아요. 그래서 어느 쪽을 써도 무방해요.

> ❶ She was disappointed with the score. ◯ 상태와 결과가 실망스러움
> 그녀는 그 점수에 실망했다.
> ❷ She was disappointed by the score. ◯ 시험을 잘 보지 못한 자신의 행동에 대한 실망
> 그녀는 그 점수에 실망했다.
> ❸ I am disappointed with what I got. ◯ 상태와 결과가 실망스러움
> 나는 내가 받은 것에 실망하고 있어.
> ❹ I am disappointed by what I got. ◯ 받은 것으로 인해 생길 일이 걱정됨
> 나는 내가 받은 것에 실망하고 있어.

(10) be taken (자리가) 차다[택해지다]

자리가 손님을 정하는 것이 아니라 손님이 자리를 정하지요. 자리 입장에서는 손님에 의해서 차지나 택함을 당하는 것이므로 수동태로 씁니다.

> A: Is anyone sitting here? 여기에 누가 앉아 있나요?
> B: Yes, this seat **is taken**. 네, 이 자리는 차 있어요(주인이 있어요).

(11) be known to... ~에게 알려지다[유명하다]

유명한지 아닌지는 다른 사람들에 의해서 정해집니다. 스스로 나를 유명하다고 말해도 다른 사람이 그렇게 판단해 주지 않으면 소용이 없죠. 유명해지는 것은 전적으로 다른 사람들의 결정에 달렸기 때문에 수동태를 씁니다. be known **to**는 '~에게 알려져 있다', be known **for**는 '~으로 유명하다'라는 뜻이에요.

> He **is known to** the world. 그는 세상에 알려져 있다.
> He **is known for** his invention. 그는 그의 발명으로 유명하다.

(12) be born 태어나다

태어날지 말지 자기가 정한 사람은 아무도 없습니다. 나의 의사와 상관없이 우리는 태어남을 당한 것이지요. 그래서 항상 수동태로 쓰는 게 맞아요. 우리는 모두 과거에 태어났으므로 born 앞에 **be**동사는 항상 과거형인 **was**나 **were**를 사용합니다.

> A: When **were** you **born**? 너는 언제 태어났어?
> B: I **was born** in 1993. 나는 1993년에 태어났어.

개념 정리 Quiz

1 우리말을 영어 수동태 표현(be동사+과거분사)으로 쓰세요.

(1) 길을 잃다 → _____

(2) ~을 끝내다 [2개] → _____

(3) ~에 만족하다 → _____

(4) 사라지다, 없어지다 → _____

(5) 태어나다 → _____

(6) ~에 놀라다 → _____

(7) ~에 관심이 있다 → _____

(8) (자리가) 차다[택해지다] → _____

(9) ~에게 알려지다[유명하다] → _____

(10) ~에 실망하다 → _____

2 빈칸에 알맞은 전치사를 고르세요.

(1) Johnson은 Lora와 결혼했다.
→ Johnson is married (with / to) Lora.

(2) 그는 그 댓글들에 실망했다.
→ He was disappointed (for / with) the comments.

(3) 너 오늘 일 다 했어?
→ Are you finished (with / in) your work today?

(4) 나는 인공지능에 관심이 있다.
→ I am interested (to / in) an artificial intelligence.

(5) 우리는 올해의 수입에 만족한다.
→ We are satisfied (with / to) the income this year.

(6) 나는 갑작스러운 소리에 놀랐다.
→ I was surprised (by / of) the sudden sound.

* comment 논평, 비평 artificial 인공의 intelligence 지능 income 수입

Practice

A 수동태 표현에 밑줄을 치고(전치사가 있을 경우 전치사 포함), 문장을 해석하세요.

1. All students in this class were born in the same year.
   → _____

2. Are these two seats taken?
   → _____

3. People were surprised by the news in this morning.
   → _____

4. Who is interested in working with us?
   → _____

5. I am satisfied with the relationship with James.
   → _____

B 수동태 표현을 이용하여 다음을 영어로 옮기세요.

6. 나는 사회학을 공부하는 데 흥미가 있다. (sociology)
   → _____

7. 우리 손님들은 그 시설에 만족하고 있다. (guests, facilities)
   → _____

8. 나는 방금 저녁을 먹었다(=먹는 것을 끝냈다). (just, dinner)
   → _____

9. 뭐라고? 누가 누구와 결혼한다고? (who, get, whom)
   → _____

10. 이 자리는 이미 주인이 있어요(=정해졌어요). (seat, already)
    → _____

∙∙∙

여기까지 오시느라고 수고 많으셨습니다.
이제 여러분이 익힌 문법이 손끝에서 문장으로 나올 수 있도록
책에 있는 예문을 따라 쓰면서 문장 만드는 연습을 해 보세요.
수고하셨습니다!

LESSON 21 현장에서 입증되는 부사 실력

개념 정리 Quiz
p. 24

1 ③ 2 ② 3 ② 4 ③ 5 ④
6 (1) barely (2) Generally
  (3) Finally (4) unintentionally
7 ③ 8 ②

1 ③ generally는 '일반적으로'라는 뜻이다.
2 ② barely는 '거의 ~않는, 간신히'라는 뜻이다.
3 해석 | ② 나는 항상 너에게 관심이 많아.
4 ③번은 '엄격하게'라는 뜻으로 의미상 문장에 어울리지 않는다.
  해석 | ① 그 음악은 항상 나를 진정시켜 준다.
       ② 그 음악은 결코 나를 진정시켜 주지 않는다.
       ④ 그 음악은 천천히 나를 진정시켜 준다.
5 ④번은 '다르게'라는 뜻으로 의미상 문장에 어울리지 않는다.
  해석 | ① 건전한 관계를 유지하는 것은 때때로 어렵다.
       ② 건전한 관계를 유지하는 것은 종종 어렵다.
       ③ 건전한 관계를 유지하는 것은 보통 어렵다.
8 only는 형용사에 -ly를 붙여서 만든 것이 아니라, 단어 자체가 부사다.

Practice
p. 26

A

1 Obviously, I am on your side.
  확실히 나는 네 편이야.
2 Especially, the music in the last part was impressive.
  특히 마지막 부분의 음악이 인상적이었어.
3 It is probably his.
  그건 아마도 그 사람 거겠지.
4 I barely escaped from the accident.
  나는 그 사고에서 간신히 빠져나왔다.
5 Luckily, I passed the test.
  운 좋게도 나는 그 시험을 통과했다.

B

6 already
7 just
8 never
9 almost
10 absolutely

C

11 He replied immediately.
   (= He immediately replied.)
12 I was extremely worried.
13 I especially enjoyed the cake.
14 You are probably right this time.
15 I will never forget this experience.
16 I seldom go there.
17 This is strictly between us, okay?
18 It is definitely better than nothing.
19 The spring vacation was relatively short.
20 It also doesn't make any sense.

LESSON 22 어떻게 만드나요? 부사절

개념 정리 Quiz
p. 33

1 절, 구 2 ③ 3 ④ 4 ④ 5 ②
6 (1) ④ (2) ① (3) ③

2 주어와 동사가 없는 ③번은 구다.
  해석 | ① 그 마을버스는 20분마다 운행한다.
       ② 제니는 제시간에 여기에 왔다.
       ③ 네 건강을 위해 매일 아침 걷는 것.
       ④ 나는 그 책을 빌리고 싶다.
3 주어와 동사가 있는 ④번이 절이다.
  해석 | ① 살을 빼기 위해 20분 달리기.
       ② 내 여가 시간에 영어로 된 책을 읽는 것.
       ③ 이번 주말 활동에 대한 그의 의견.
       ④ 시간은 멈추지 않고 흐른다.
4 특수부사는 항상 문장의 맨 앞에 쓰도록 위치가 정해져 있으며, 정해진 위치를 벗어나면 틀린다.

Practice   p. 35

A

1. Because it was raining,
   비가 오고 있었기 때문에
2. After she left the office,
   그녀가 사무실을 떠난 이후
3. When you come,
   네가 올 때
4. Since you are tired,
   너는 피곤하니까
5. While I was listening to music,
   내가 음악을 듣고 있는 동안에

B

6. When I feel good,
7. Because it snowed yesterday,
8. While I study mathematics,
9. After he heard the news,
10. Before she goes to school,

LESSON 23 이게 다 뭐예요? 주절, 종속절

개념 정리 Quiz   p. 39

1. ②, ④   2. ③   3. ④
4. (1) You need to memorize it before you forget.
   (2) You should call me immediately when you arrive there.
5. (1) When he left the office, he forgot to turn off the light.
   (2) After she went to the gym, she didn't come back.

3. 주절을 강조하고 싶을 때 주절–종속절의 순서로 쓸 수 있다.
4. 해석 | (1) 너는 잊어버리기 전에 그것을 외울 필요가 있다.
   (2) 넌 그곳에 도착하면 나한테 즉시 전화해야 한다.

5. 해석 | (1) 그는 사무실을 나갈 때, 불을 끄는 것을 깜빡했다.
   (2) 그녀는 헬스클럽에 간 이후 돌아오지 않았다.

Practice   p. 40

A

1. After I saw her on the street, I wanted to know about her.
   나는 거리에서 그녀를 본 이후, 그녀에 대해서 알고 싶었다.
2. Please use public transportation when you come.
   오실 때 대중교통을 이용해 주세요.
3. Because he told me to do it, I did it.
   그가 나에게 그것을 하라고 말했기 때문에 나는 그것을 했다.
4. I was still wearing my pajamas because I decided to stay at home.
   나는 집에 있기로 결정했기 때문에 아직 잠옷을 입고 있었다.
5. While I was talking to her, she sat quietly.
   내가 그녀에게 얘기하는 동안, 그녀는 조용히 앉아 있었다.

B

6. After I take a shower,
7. when they sell
8. While I am studying,
9. Because I missed the class,
10. before you eat

C

11. Before I saw you, I met Tom.
12. We went to the park after we had lunch together.
13. Because/Since I am going to see him at 2 p.m., I will leave at 1 o'clock.
14. After I checked the time, I left my office.
15. I thought about what you said before while I was waiting for you.

LESSON 24 최강 영어 실력 - 절을 구로 바꾸기

개념 정리 Quiz
p. 46

1 ③ 2 ③ 3 ② 4 ③ 5 ①
6 After waiting for 30 minutes, I decided to call her.
7 ②, ③ 8 ④

2 주절을 강조하고 싶을 때는 ③번처럼 주절을 문장 앞쪽에 쓴다.
해석 | ① 책을 읽는 동안 나는 문을 닫았다.
② 나는 그녀를 만난 후 마음이 바뀌었다.
③ 나는 늦었기 때문에 빨리 걷기 시작했다.
④ 나는 혼자 있을 때, 내 오래된 앨범을 본다.

4 주어와 be동사를 생략한 것을 고른다.
해석 | 우리는 워크샵에 참석하는 동안 똑같은 유니폼을 입었다.

5 주어를 생략하고 일반동사 listen을 -ing 형태로 바꾼 것을 고른다.
해석 | 대화를 들을 때 메모하셔도 됩니다.

6 주어를 생략하고 일반동사 wait를 -ing 형태로 바꾼다.
해석 | 30분 동안 기다린 후 나는 그녀에게 전화하기로 했다.

7 주절과 부사절의 주어가 다를 때, 정확한 시제를 알려야 할 때는 부사절을 부사구로 바꿀 수 없다.

8 주절과 부사절의 주어가 다른 ④번은 부사절을 부사구로 바꿀 수 없다.
해석 | ① 집에서 나가기 전에 넌 가방을 다시 한 번 확인해야 한다.
② 나는 산책을 하는 동안 음악을 들었다.
③ 그녀는 올 때 이것을 가지고 왔다.
④ 너는 이미 답을 알고 있으므로 내가 그것을 반복할 필요는 없다.

Practice
p. 48

A

1 After reading the story in the book, I summarized it.
그 책에 있는 이야기를 읽은 후에 나는 그것을 요약했다.

2 When spending your money, you need to think twice.
너의 돈을 쓸 때 너는 두 번[신중히] 생각할 필요가 있다.

3 While having a part-time job in the coffee shop, I met many different types of people.
커피숍에서 아르바이트를 하는 동안 나는 다양한 유형의 사람들을 만났다.

B

4 After finishing it, I met Jane to go to a movie.

5 Before buying it in the store, you should check the price.

6 While sitting together, we had a long conversation.

C

7 (1) Before I met you,
(2) Before meeting you, I was worried about it.

8 (1) After I talked with her on the phone,
(2) After talking with her on the phone, I checked the date.

 LESSON 25 부사절을 부사구로 바꾸기 - be동사

개념 정리 Quiz
p. 54

1 주절의 내용을 빨리 보여 주기 위해서
2 ④ 3 ③ 4 ② 5 ③

2 주절과 부사절의 반복되는 주어를 생략하고, be동사를 생략한다.
해석 | 방에서 기다리는 동안 나는 담배 냄새를 맡았다.

3 부사절의 주어 the patient와 주절의 주어 he는 동일 인물이므로 부사절의 주어를 생략할 수 있다. 하지만 그럴 경우 주어에 대한 정보(the patient)가 사라지므로 주절의 주어 he를 the patient로 바꿔야 한다.
해석 | 그 환자는 퇴원하기 전에 병원 서식에 서명을 해야만 했다.

5 ③번은 부사절의 주어와 주절의 주어가 일치하지 않아서 부사절을 부사구로 바꿀 수 없다.
해석 | ① 나는 햄버거를 먹을 때 큰 콜라와 함께 먹는다.
② 나는 그것을 보고 있는 동안 금이 간 것을 알아챘다.
③ 비가 오고 있었기 때문에 우리는 휴식을 취했다.
④ 나는 그를 본 후 뛰기 시작했다.

Practice   p. 55

A

1 While waiting for their arrival, I checked their schedule.
나는 그들의 도착을 기다리는 동안에 일정을 확인했다.

2 Doing the dishes, I listened to the radio.
설거지를 하면서 나는 라디오를 들었다.

3 Being able to speak in English, I volunteered as an interpreter.
나는 영어로 말할 수 있어서 통역사로 자원봉사를 했다.

B

4 When/On/Upon lying, you were acting differently.

5 After tested several times, it was approved.

6 Before painted, the floor was washed neatly.

C

7 (1) While I was explaining it to her
   (2) While explaining it to her, I showed some pictures.

8 (1) After the food is ordered
   (2) After ordered, the food is cooked by the chef.

D

9 Entering late, I sat in a chair quietly.
(= Entering late, I quietly sat in a chair.)

10 (While) Watching the TV, he played a game with his smartphone.

11 When/On/Upon playing outside, the kids were wearing uniforms.

12 Before selected, Tony and Jack were tested several times.

13 (Being) Unable to help me, she called my brother.

LESSON 26 부사절을 부사구로 바꾸기 – 일반동사

개념 정리 Quiz   p. 62

1 ②   2 ④   3 ③   4 ②, ③

1 반복되는 주어인 you를 생략하고, 일반동사 open에 -ing를 붙인다.
해석 | 그것을 개봉한 후에는 냉장고에 보관해야 한다.

2 주절의 시제가 saved로 과거이기 때문에, 부사절의 시제도 과거형 left를 써야 한다.
해석 | 책상을 떠나기 전에 나는 그 자료를 내 USB에 저장했다.

3 ③번은 부사절과 주절의 주어가 다르기 때문에 부사절을 부사구로 고칠 수 없다.
해석 | ① 너는 보고서를 제출한 이후에 쉴 수 있다.
② 그는 답을 알고 있었기 때문에 시험을 일찍 마쳤다.
③ 그녀가 그것을 잡기 전에, 나는 그것을 옆으로 밀었다.
④ 나는 피곤할 때 사우나에 간다.

Practice   p. 63

A

1 When walking into the restaurant, I sensed people watching me curiously.
식당으로 걸어 들어갈 때, 나는 사람들이 나를 신기한 듯이 쳐다보고 있는 것을 감지했다.

2 Eating too little, Sam is losing his weight.
너무 적게 먹어서 샘은 살이 빠지고 있다.

3 After coming back home, I turned on the TV hurriedly to watch the baseball game.
집에 돌아온 후 나는 야구 경기를 보기 위해서 황급히 TV를 켰다.

B

4 After recharging the battery, I will call you.

5 When/On/Upon passing by me, Jason winked at me.

6 Wanting to start exercising, I need some tips from you.

C

7 (1) When I do jump rope
  (2) When doing jump rope, I always count.

8 (1) Before Mike opened the door
  (2) Before opening the door, Mike rechecked the room number.

D

9 Before having a problem with her heart, she was an athlete.
10 While working with you, I was happy.
11 When/On/Upon arriving here, I called you.
12 After watching a movie, we went to a coffee shop.
13 After making a new password, I recalled an old password.

 LESSON 27 부사절을 부사구로 바꾸기 - 고급

개념 정리 Quiz   p. 70

1 ②, ③   2 ③   3 ②   4 ④

1 현재완료가 있는 부사절을 부사구로 고칠 때는 ②번처럼 have에 -ing를 붙인다. ③번처럼 Having을 생략하고 been을 being으로 바꾼 부사구도 가능하다.
해석 | 나는 하루 종일 공부했기 때문에 이제 휴식이 필요하다.

2 현재완료 부정문 부사절을 부사구로 고칠 때는 have에 -ing를 붙이고 not을 having 앞에 쓴다. ①번의 경우 부사절을 부사구로 바꾸면서 이름이 Tom이라는 정보가 사라졌는데도 주절의 주어를 Tom으로 바꾸지 않았다. 주어를 Tom으로 바꾼 ③번이 가장 바르게 바꾼 문장이다.
해석 | 탐은 숙제를 끝내지 않았기 때문에 오지 않을 것이다.

3 ②번을 부사구로 바꾸면 While not playing the game이 된다.

4 ④번에서 until은 '~(때)까지'라는 뜻이고, unless는 '~하지 않는 한'이라는 뜻이다.

Practice   p. 71

A

1 <u>By the time receiving my message</u>, you may be on the way to your home.
내 메시지를 받을 즈음에 너는 집에 가는 길일지도 모르겠다.

2 <u>Unless you have a membership card</u>, you have to pay in full.
멤버십 카드가 없으면 전액을 지불해야 한다.

3 <u>Whether or not understanding the rule</u>, you will be asked to start.
규칙을 이해하든 안 하든 너는 시작하라고 요구받을 것이다.

4 <u>Even though I finished work</u>, I am in a office.
나는 일을 끝냈는데도 사무실에 남아 있다.

5 <u>As soon as I ordered</u>, I realized that I ordered a wrong one.
나는 주문하자마자 잘못 주문한 것을 깨달았다.

B

6 (1) Because you don't have time
  (2) Not having time, you should go now.

7 (1) Because she is generous
  (2) Being generous, she will forgive me.

8 (1) Because I didn't count the changes
  (2) Not counting the changes, I don't know exactly.

C

9 Until you accept their suggestions, they will not give up.
10 As soon as you sign the form, we will proceed.
11 Before you buy it, think twice.
12 While I take a rest, I will think about it.
13 Once you start it, you cannot escape easily.

LESSON 28 조동사가 뭘 도와줘?

개념 정리 Quiz   p. 79

1 ④
2 (1) 주어가 3인칭 단수일 때 동사 뒤에 -(e)s를 붙인다.
  (2) 과거시제를 나타낼 때 동사 뒤에 -(e)d를 붙이거나 불규칙 과거형을 쓴다.
3 ② 4 ② 5 (1) > (2) < 6 ④
7 (1) may   (2) ought to   (3) had better
  (4) should (5) might

1 조동사 뒤에는 항상 동사원형을 쓴다.
5 (1) may는 50% 정도의 확률, might는 20% 정도의 확률을 나타낸다.
  해석 | 그는 거기에 있을지도 모른다.
  (2) should는 가벼운 충고의 느낌이고, ought to는 명령조의 충고이므로 ought to가 더 센 느낌을 준다.
  해석 | 너는 그의 얘기를 들어야 해.
6 (1) had better는 상대방이 잘되었으면 하는 바람에서 충고하는 뉘앙스를 가지고 있다. 또 그렇게 하지 않으면 나중에 후회하게 될 거라는 메시지가 바탕에 깔려 있다.
  해석 | ① 너는 택시를 타고 거기에 갈 수 있다.
       ② 너는 택시를 타고 거기에 갈지도 모른다.
       ③ 너는 택시를 타고 거기에 갈지도 모른다.
       ④ 너는 택시를 타고 거기에 가는 게 낫다.

Practice   p. 81

A

1 She might stop by to see you.
  그녀는 너를 보기 위해서 잠깐 들를지도 모른다.
2 It is 2 o'clock now. I think we should leave.
  지금 2시다. 우리는 가야 할 것 같다.
3 You ought to respond quickly.
  너는 빨리 응답해야 한다.
4 The result may be different from your expectation.
  결과가 너의 기대와 다를지도 모른다.
5 Children and their parents had better use an elevator.
  아이들과 부모들은 엘리베이터를 타는 게 낫다.

B

6 He may want this
7 We had better wait here
8 You should not take a break
9 It might surprise many people
10 I had better not show this

LESSON 29 have to, must, can, could 제대로 쓰기

개념 정리 Quiz   p. 89

1 ② 2 (1) < (2) < (3) > (4) >
3 (1) have to (2) must (3) have got to

1 보기 중 가장 강한 뉘앙스를 전달하는 것은 must를 사용한 문장이다.
2 (1) have to < must   (2) have got to < must
  (3) can > could   (4) have to > had better
  해석 | (1) 너는 그것을 받아야 한다.
       (2) 나는 변해야 한다.
       (3) 너는 나와 같이 가도 된다.
       (4) 나는 그것을 반납해야 한다.

Practice   p. 90

A

1 You have to distinguish the difference.
  너는 그 차이점을 구별해야 한다.
2 You don't have to know all of them.
  네가 그것들 모두를 알 필요는 없다.
3 I must start before it gets too late.
  나는 그것이 너무 늦어지기 전에 반드시 시작해야만 한다.
4 Anyone can find the big convenient store.
  누구든지 큰 편의점을 발견할 수 있다.
5 I had to wake up early this morning.
  나는 오늘 아침에 일찍 일어나야 했다.

B

6 I can give you a ride
7 We could swim in this river
8 I had to take a pill
9 You must not say that
10 I cannot feel a thing

 can-be able to, will-be going to 구분해서 쓰기

개념 정리 Quiz p. 96

1 ③ 2 ④ 3 ③ 4 ② 5 ③ 6 ② 7 ②
8 (1) could (2) will (3) am going to
  (4) can (5) could (6) am able to

1 could는 can의 과거형으로 사용될 뿐만 아니라 미래의 가능성에 대해서 말할 때도 사용된다. ③번에서는 next time(다음 번에)을 통해 could가 과거가 아니라 미래의 가능성에 대해 말하고 있다는 것을 알 수 있다.

2 ①, ②, ③번에서는 yesterday, an hour ago, last week를 통해서 could가 can의 과거형으로 쓰였다는 것을 알 수 있다. 한편 ④번에서는 tomorrow를 통해서 could가 미래의 가능성에 대해 말하고 있다는 것을 알 수 있다.

  해석 | ① 나는 어제 그를 만날 수 있었다.
       ② 나는 한 시간 전에 표를 얻을 수 있었다.
       ③ 나는 지난주에 그것을 할 수 있었다.
       ④ 나는 내일 너를 도울 수 있을 거야.

3 could < can < has to < must의 순서로 어감이 강하다.
  해석 | ③ 예외 없어. 모두가 그것을 해야 해.

4 자신의 능력을 겸손하게 말할 때는 be able to가 아니라 can이 어울린다. ②번처럼 말하면 '나는 그것을 못한다.'는 뜻이 되어 버린다.

6 전화벨이 갑자기 울려서 내가 받겠다고 하는 것은 미리 계획된 상황이 아니므로 will을 쓰는 것이 어울린다.
  해석 | ① 존이 너에게 전화할 거야.
       ② 내가 받을 거야.
       ③ 비가 올 거야.
       ④ 나는 TV를 볼 거야.

7 ②번처럼 is going to를 써서 말하면 이미 이사를 가기로 계획을 세운 것이므로 이사 갈 확률이 가장 높다.

Practice p. 98

A

1 I can explain everything to you.
   나는 너에게 모든 것을 설명할 수 있다.

2 I am able to lift 20 kilograms with one hand.
   나는 한 손으로 20킬로그램을 들 수 있다.

3 You could stay here for a few hours if you want.
   너는 원하면 여기에 몇 시간 동안 있어도 돼.

4 I am going to see him after I meet you at noon.
   나는 정오에 너를 만난 후에 그를 볼 것이다.

5 They will promote their new products.
   그들은 그들의 신제품을 홍보할 것이다.

B

6 I will call you
7 Can he read
8 I was able to go hiking every day
9 She is going to get rid of the scar
10 I was going to say

 will, would, used to 뉘앙스 몰라?

개념 정리 Quiz p. 106

(1) would (2) will (3) Will
(4) Would (5) would rather
(6) would (7) used to (8) were supposed to
(9) are to (10) Shall (11) Would
(12) Can (13) used to

Practice   p. 107

A

1. I <u>used to</u> take a walk with my dog.
   나는 우리 개와 함께 산책을 하곤 했다.

2. He <u>would</u> go camping with his friends.
   그는 그의 친구들과 캠핑을 가곤 했다.

3. You <u>are supposed to</u> return it before the due date.
   당신은 기한 전에 그것을 반납하도록 되어 있어요.

4. We <u>are to</u> keep silent until the teacher lets us talk.
   선생님이 우리가 얘기하도록 허락할 때까지 우리는 조용히 있어야 한다.

5. There <u>used to</u> be a big traditional market here.
   여기에 예전에 큰 전통시장(재래시장)이 있었다.

B

6. I am supposed to arrive
7. He would come here
8. You are to reply
9. She used to work
10. I would rather drink water

 LESSON 32 조동사 현장 감각 높이기

개념 정리 Quiz   p. 117

1 ②   2 ③   3 ③   4 ④
5 (1) can   (2) am going to
  (3) are supposed to
  (4) used to   (5) had to

1 조동사는 과거형이 있으며 부정문도 만들 수 있다.
2 ③번은 '그것은 몇 시일까요?'라는 뜻으로 미래의 시간을 묻는 표현이다. 몇 시가 될지 정확하게 알 수 없는 미래의 상황을 강조하기 위해서 will(가능성 90% 이상)보다 확률이 낮은 would(가능성 60%~70%)를 쓴 것이다.

4 생각난 김에 뭔가를 하겠다고 말할 때는 be going to가 아니라 will이 어울린다.

Practice   p. 119

A

1. Some people <u>may</u> think so.
   어떤 사람들은 그렇게 생각할지도 모른다.

2. He <u>would</u> go skydiving when he was young.
   그는 젊었을 때 스카이다이빙을 가곤 했다.

3. You <u>are not supposed to</u> tell that to other people.
   너는 그것을 다른 사람에게 말하면 안 돼. (다른 사람에게 말하지 않을 거라고 기대된다.)

4. We <u>are to</u> use the kitchen cleanly.
   우리는 부엌을 깨끗이 사용해야만 해. (강한 의무)

5. There <u>used to</u> be many flower shops around here.
   이 근처에는 (한때) 많은 꽃가게들이 있었어.

B

6. I will call you.
7. You had better read from the chapter 3.
8. I used to like rainy days.
9. I am going to tell him.
10. I was able to speak Japanese fluently.

C

11. Who was supposed to open the door in the morning?
12. I could not pass the test this time.
13. I had to call him five times.
14. Should I wait here? Or Should I wait there? (= Should I wait here or there?)
15. I must take the bus.
16. I am going to give a gift to her.
    (= I am going to give her a gift.)
17. Anyone can start their dreams.
18. Your turn will come soon.

19 There used to be a lot of snow in winter.
20 Mozart was able to play the piano when he was four years old.

LESSON 33 과거분사에 대한 한을 풉시다

개념 정리 Quiz p. 128

1 ④   2 ②   3 ④
4 (1) locked   (2) changed
  (3) written   (4) drunk
5 ③   6 ④   7 ③
8 (1) 과거동사   (2) 과거분사
  (3) 과거분사   (4) 과거동사

1 과거분사 뒤에 〈전치사＋명사〉나 부사가 붙어서 꾸며주는 말이 길어질 때는 명사 뒤에서 수식한다.
3 해석 | 그 페인트칠된 벽을 만지지 마세요.
5 '수집된'은 '～된'이라는 수동의 의미이므로 과거분사 collected를 써야 한다.
6 '표가 붙은'은 '표가 붙여진'이라는 수동의 의미이므로 과거분사 tagged를 써야 한다.
8 명사 앞에서 형용사 역할을 하는 것은 과거분사이고, 주어 뒤에 나온 것은 과거동사이다.
  해석 | (1) 그들은 날짜를 바꿨다.
       (2) 변경된 날짜를 알려라.
       (3) 강조된 단어들은 중요한 것 같다.
       (4) 나는 색연필로 그 단어들을 강조했다.

Practice p. 130

A

1 I am looking for a used computer.
  나는 사용된(중고) 컴퓨터를 찾고 있다.
2 I am looking for a furniture used less than a year.
  나는 1년 이하 사용된 가구를 찾고 있다.
3 These are washed apples so they are clean to eat.
  이것들은 씻어진 사과들이므로 먹기에 깨끗하다.
4 These are apples washed several times so they are clean to eat.
  이것들은 여러 번 씻어진 사과들이므로 먹기에 깨끗하다.
5 I have a wine imported from Spain.
  나는 스페인에서 수입된 와인을 가지고 있다.

B

6 the underlined vocabularies
7 the vocabularies underlined with a red line (= the underlined vocabularies with a red line)
8 the copied items
9 the items copied illegally (= the copied items illegally)
10 the displayed ones

C

11 (1) You should remember.
   (2) You should remember the names.
   (3) You should remember the listed names.
   (4) You should remember the names listed on the paper.
12 (1) I opened.
   (2) I opened the door.
   (3) I opened the locked door.
   (4) I opened the door locked for two months.
13 (1) Konan read.
   (2) Konan read the messages.
   (3) Konan read the saved messages.
   (4) Konan read the messages saved in his phone.
14 (1) They sell.
   (2) They sell salad.
   (3) They sell mixed salad.
   (4) They sell salad mixed with fruits.
15 (1) The music heals.
   (2) The music heals hearts.

(3) The music heals wounded hearts.
(4) The music heals hearts wounded from other people.

LESSON 34 현재분사 때문에 영어 포기?

개념 정리 Quiz   p. 142

1 ③   2 ③   3 ④
4 (1) pushing   (2) shining
  (3) catching   (4) swimming
5 ②
6 (1) 현재분사   (2) 동명사
  (3) 현재분사   (4) 동명사
7 (1) buying   (2) shutting   (3) navigating

1 현재분사는 형용사 자리에 쓸 수 있다.
3 '도난당한'은 수동의 의미이므로 현재분사가 아니라 과거분사를 써야 한다. (steal-stole-stolen)
4 (4) swim처럼 '단모음-단자음'으로 끝나는 단어는 자음을 한 번 더 쓴 다음 -ing를 붙인다.
6 해석 | (1) 삐걱거리는 계단을 확인했어요?
    (2) 나는 몇 주 전에 영어 공부하는 것을 시작했다.
    (3) 1600년도 예술에 대해 묻는 일부 질문들이 어렵다.
    (4) 춤추는 것이 내가 제일 좋아하는 활동이다.
7 〈보기〉의 '믹서 → 섞는 기계'처럼 명사를 현재분사를 이용해 풀어 쓴다.
  해석 | (1) 바이어 - 사는 사람
    (2) 셔터 - 닫는 문
    (3) 내비게이터 - 길을 찾아 주는 장치

Practice   p. 144

A

1 The arriving bus is mine. The bus arriving next is yours.
  도착하고 있는 버스는 내가 탈 버스야. 다음에 도착하는 버스가 네가 탈 버스야.
2 I can hear your trembling voice.
  나는 너의 떨리는 목소리를 들을 수 있다.
3 Your voice trembling quietly is the sign that you are nervous.
  조용히 떨리는 너의 목소리는 네가 긴장하고 있다는 표시다.
4 There are people waiting for you.
  너를 기다리는 사람들이 있다.
5 The song title is "A train going to the past."
  그 노래의 제목은 '과거로 가는 열차'이다.

B

6 The smiling children
7 the cars running fast
  (= the fast-running cars)
8 my ticking clock
9 him wearing a white shirt
10 an AI speaker talking like a human

C

11 (1) I caught.
   (2) I caught a dish.
   (3) I caught a falling dish.
   (4) I caught a dish falling from the shelf.
12 (1) I like.
   (2) I like the scene.
   (3) I like the thrilling scene.
   (4) I like the thrilling scene in the movie.
     (=I like the scene thrilling in the movie.)
13 (1) I have a cough.
   (2) I have a tickling cough.
   (3) I have a tickling cough from the morning. (= I have a cough tickling from the morning.)
14 (1) They installed.
   (2) They installed cameras.
   (3) They installed monitoring cameras.
   (4) They installed monitoring cameras around the park. (=They installed cameras monitoring around the park.)

LESSON 35 분사 실전 감각 높이기

개념 정리 Quiz   p. 151

1 ③   2 ②
3 (1) 놀라운 소식들   (2) 놀란 사람들
   (3) 흥미진진한 게임들   (4) 흥분한 관중들
4 (1) 끓는 물을 조심해.   (2) 끓인 물을 조심해.
   (3) 데워진 물을 조심해.   (4) 뜨거운 물을 조심해.
5 (1) fried   (2) rolling   (3) baked, mashed
   (4) smoking   (5) rising   (6) written
   (7) growing   (8) sparkling
6 (1) 안전하게 도착한 비행기   (2) 꽉 닫힌 문
   (3) 단정하게 빗질된 머리   (4) 아름답게 꾸며진 방

1 과거분사는 수동의 뜻, 현재분사는 진행의 뜻을 가지고 있다.
2 ②번은 '돌아가는 테이블들'이라는 뜻이다.
3 현재분사는 '~하는'으로 해석하고, 과거분사는 '~당한/된'으로 해석한다.
5 (6) written test(필기시험)는 출제자가 써 놓은 시험지에 답을 쓰는 시험이고, writing test(쓰기시험)는 수험자가 모든 내용을 직접 쓰는 시험이다.

Practice   p. 153

A

1 We have 30 <u>selected</u> people. People <u>selected</u> today will work for us.
   우리는 30명의 선발된 사람들을 데리고 있다. 오늘 뽑힌 사람들은 우리를 위해서(우리 회사에서) 일할 것이다.

2 I bought these clothes in the mall <u>located</u> in Paju.
   나는 파주에 위치해 있는 (쇼핑)몰에서 이 옷들을 샀다.

3 I saw some students <u>nodding</u> off during the lecture.
   나는 강의 중에 꾸벅꾸벅 졸고 있는 몇몇 학생들을 봤다.

4 I have to say thank you to the people <u>helping</u> me from the beginning.
   나는 처음부터 나를 도와주고 있는 그 사람들에게 고맙다고 말해야 한다.

5 All <u>invited</u> people should have their name tags.
   초대받은 사람들은 모두 이름표를 가지고 있어야 한다.

B

6 twinkling stars
7 accepted plans
8 a confusing situation
9 a continued discussion
10 an organized meeting
11 a bothering thought
12 added water
13 a finished work

C

14 an unexpected luck
15 dyed hair
16 waiting in line
17 This summarized book
18 many fixed expressions

LESSON 36 분사 자신감이 영어 자신감

개념 정리 Quiz   p. 160

1 ③
2 (1) sent   (2) repeated   (3) lost
   (4) shocking   (5) expected   (6) arranged
   (7) confusing   (8) accumulated
3 (1) shocking   (2) exciting   (3) burning
4 (1) Don't spend the saved money.
   (2) I appreciate your encouraging words.
   (3) We looked at the falling leaves.
   (4) Let's meet on this coming Friday.
   (5) You should memorize the underlined words first.

1 분사는 동사에 -ed나 -ing를 붙여서 만든다.
3 해석 | (1) 그녀는 나쁜 소식에 놀랐다. → 그녀는 충격적인 소식에 놀랐다.
       (2) 이것은 재미있는 게임이다. → 이것은 흥미진진한 게임이다.
       (3) 내 머리는 뜨겁다. → 내 머리는 타고 있다.

Practice   p. 162

A

1. This <u>decorated</u> room is very beautiful so that people will like it.
   그 꾸며진 방은 매우 아름다워서 사람들이 좋아할 거예요.

2. There is a dog <u>following</u> me.
   나를 따라오는 개가 한 마리 있어요.

3. I met Jake <u>waiting</u> for you in the first floor.
   나는 1층에서 너를 기다리는 Jake를 만났어.

4. The manager counted the number of <u>returned</u> items.
   그 점장은 반품된 물건들의 개수를 세었다.

5. I would like to buy a <u>used</u> motorcycle.
   저는 중고 오토바이를 하나 사고 싶어요.

B

6. the given time
7. The time given to me
8. The prepared food
9. The food prepared for you
10. revolving door

C

11. (1) An experimenter gave her a pen.
    (= An experimenter gave a pen to her.)
    (2) An experimenter gave her a prepared pen. (= An experimenter gave a prepared pen to her.)
    (3) An experimenter gave her a pen prepared for this test.
    (= An experimenter gave a pen prepared for this test to her.)

12. (1) I checked the file.
    (2) I checked the attached file.
    (3) I checked the file attached with pictures.

13. (1) There is a car next to me.
    (2) There is a honking car next to me.
    (3) There is a car honking impatiently next to me.

 LESSON 37 be동사가 과연 쉬울까?

개념 정리 Quiz   p. 170

1. (1) is/was (2) are/were (3) am/was
   (4) is/was (5) are/were (6) are/were
   (7) is/was (8) are/were

2. ④   3 ③   4 ②

3. to부정사의 to와 조동사 should 뒤에는 동사원형을 써야 하므로, be동사의 원형인 be를 써야 한다.

4. or로 연결된 주어는 be동사에 가까운 주어에 따라 be동사가 결정된다. 또 and로 연결된 주어는 복수로 취급해서 are를 쓴다.

Practice   p. 171

A

1. You and I <u>are</u> in the same group.
   너와 나는 같은 그룹에 있다.

2. He <u>is</u> a kind and warm person.
   그는 친절하고 따뜻한 사람이다.

3. This book <u>is</u> popular to teachers and students.
   이 책은 교사들과 학생들에게 인기가 있다.

4. I <u>am</u> taking a note.
   나는 필기 중이다.

5. She <u>was</u> planning to start over.
   그녀는 다시 시작할 계획을 하고 있었다.

B

6. It is
7. They were
8. You or he was / Am I
9. My friend and I are
10. he or I am

LESSON 38 '~당하다'라는 말은 이렇게 만들어졌다

개념 정리 Quiz
p. 175

1 ②
2 (1) recorded → be recorded → It is recorded.
  (2) removed → be removed → It is removed.
3 ②
4 (1) The news was announced.
  (2) The letter was enclosed.
  (3) The trees were planted.
  (4) The cover was opened.
  (5) The dishes were dropped.

4 (1)번의 news는 항상 단수 취급한다.
해석 | (1) 그 뉴스는 발표되었다.
      (2) 그 편지가 동봉되었다.
      (3) 그 나무들이 심어졌다.
      (4) 그 덮개가 열렸다.
      (5) 그 접시들이 떨어졌다.

Practice
p. 176

A

1 Two cars are parked in front of the gate.
  차 두 대가 문 앞에 주차되어 있다.

2 The land was developed and used as the public park.
  그 땅은 개발되어 공공 공원으로 사용되었다.

3 It is considered as a new method.
  그것은 새로운 방법으로 간주된다.

4 The building was designed in 2008 and built in 2018.
  그 건물은 2008년에 설계되어 2018년에 지어졌다.

5 I was told to give this to you.
  나는 이것을 너에게 주라고 들었다.

B

6 He was nominated
7 The stains are not removed
8 My English skill was improved
9 The bill was already paid
10 The time is fixed

 LESSON 39 <be동사+과거분사>는 강조의 말투

개념 정리 Quiz
p. 183

1 ① 2 ③ 3 ③
4 (1) This house was built about 200 years ago by the architect.
    (= This house was built by the architect about 200 years ago.)
  (2) This book was returned to the library on Friday by Jack.
    (= This book was returned by Jack to the library on Friday.)
  (3) English courses are offered from July by our summer school.
    (= English courses are offered by our summer school from July.)

1 수동태는 목적어를 강조하기 위한 형태이므로, 수동태 문장을 너무 많이 쓰면 지나치게 강조하거나 과장된 느낌을 주기 때문에 잘 쓴 글이 아니다.

2 수동태 뒤에는 전달하는 내용에 따라서 by 대신 다른 전치사를 사용할 수도 있다.

3 원래 문장이 과거시제이므로 be동사도 과거형인 was를 써야 한다.
해석 | 그 과정은 자동화된 기계에 의해서 감시되었다.

4 영어는 중요하고 강조하고 싶은 것을 앞으로 보내므로 목적어를 강조하려면 목적어를 문장 맨 앞으로 보낸다. 동사는 '~당하다/받다'로 바꿔야 말이 되므로 <be동사+과거분사>를 사용하고, 누구에 의해 이루어지는지 알려주기 위해 기존 주어를 by(~에 의해서) 뒤에 넣는다.
해석 | (1) 그 건축가는 이 집을 약 200년 전에 지었다.
      (2) 잭은 금요일에 이 책을 도서관에 반납했다.
      (3) 우리의 여름 학교는 7월부터 영어 과정을 제공한다.

Practice p. 184

A

1. This text message <u>was sent</u> by my boyfriend.
   이 문자 메시지는 내 남자 친구에 의해서 보내졌다.

2. Tony <u>is informed</u> about the meeting by the counselor.
   Tony는 그 상담사에 의해서 모임에 대한 정보를 제공받는다.

3. They <u>were told</u> about some changes in plans by a head teacher.
   그들은 교장에 의해서 계획의 몇 가지 변경 사항들에 대해 들었다.

4. Students <u>are</u> carefully <u>tested</u> every week.
   학생들은 매주 신중하게 테스트를 받는다.

5. The door <u>was</u> automatically <u>locked</u>. I <u>am locked</u>.
   그 문은 자동으로 잠겼다. 나는 갇혔다.

B

6. I was invited to the party by Sam.
7. Joyce will be loved by her husband.
8. I was really encouraged by him.
9. The children are taught by the qualified teachers.
10. This letter was sent to the office by the department head.

LESSON 40 항상 수동태로 쓰이는 표현들

개념 정리 Quiz p. 189

1. (1) be lost
   (2) be finished with… / be done with…
   (3) be satisfied with…
   (4) be gone
   (5) be born
   (6) be surprised by…
   (7) be interested in…
   (8) be taken
   (9) be known to…
   (10) be disappointed with/by…

2. (1) to   (2) with   (3) with
   (4) in   (5) with   (6) by

Practice p. 190

A

1. All students in this class <u>were born</u> in the same year.
   이 반에 있는 모든 학생들은 같은 해에 태어났다.

2. <u>Are</u> these two seats <u>taken</u>?
   이 두 자리는 찼어?(주인 있어?)

3. People <u>were surprised by</u> the news in this morning.
   사람들은 오늘 아침 그 소식에 놀랐다.

4. Who <u>is interested in</u> working with us?
   누가 우리와 일하는 것에 관심이 있어?

5. I <u>am satisfied with</u> the relationship with James.
   나는 제임스와의 관계에 만족한다.

B

6. I am interested in studying sociology.
7. Our guests are satisfied with the facilities.
8. I am just finished/done with dinner.
9. What? Who is getting married to whom?
10. The seat is already taken.

한국에서 유일한 기초 영문법 2

초판 1쇄 발행 2018년 12월 15일

지은이	한일
발행인	한일
펴낸곳	도서출판 한일에듀
출판등록일	2017년 8월 7일 (672-99-00298)
주소	마포구 백범로 91 (대흥동, 주석빌딩 8층) 한일잉글리쉬아카데미
대표전화	070-7768-1100
ISBN	979-11-88669-05-9 03700
홈페이지	www.haniledu.org
편집	김현정
디자인	손혜정

COPYRIGHT ⓒ 2018 한일

저작권법에 따라 이 책에 실린 모든 내용, 디자인, 이미지, 편집 구성의 저작권은
저자와 한일에듀출판에 있으며, 허락 없이 복제하거나 다른 매체에 옮겨 실을 수 없습니다.